跨文化视角下的英语翻译理论与实践探索

刘锦莲◎著

文化发展出版社
Cultural Development Press
·北京·

图书在版编目（CIP）数据

跨文化视角下的英语翻译理论与实践探索 / 刘锦莲著. — 北京 : 文化发展出版社, 2023.12
ISBN 978-7-5142-4207-2

Ⅰ. ①跨… Ⅱ. ①刘… Ⅲ. ①英语－翻译－研究 Ⅳ. ① H315.9

中国国家版本馆 CIP 数据核字 (2024) 第 016247 号

跨文化视角下的英语翻译理论与实践探索

刘锦莲　著

出 版 人：宋　娜
责任编辑：任秀颖　　　　责任校对：侯　娜
责任印制：邓辉明　　　　封面设计：守正文化
出版发行：文化发展出版社（北京市翠微路 2 号　邮编：100036）
网　　址：www.wenhuafazhan.com
经　　销：全国新华书店
印　　刷：天津和萱印刷有限公司

开　　本：710mm × 1000mm　1/16
字　　数：220 千字
印　　张：12.25
版　　次：2024 年 3 月第 1 版
印　　次：2024 年 3 月第 1 次印刷

定　　价：72.00 元
I S B N：978-7-5142-4207-2

前 言

进入21世纪以来，世界经济一体化的趋势不断加强，国家、民族之间的接触和交往日益频繁，人们越来越注重与世界接轨。所以，学习和掌握一门甚至多门外语在一定程度上成了人们努力的方向。互联网时代交流的便捷性更加促进了不同文化之间的渗透、交流乃至碰撞与冲突，各种文化间的对话与融合问题日益凸显。而作为文化交流的介质，语言翻译的作用及意义更为突出。

随着科学技术及经济的快速发展，全球化已成为不可抗拒的历史潮流。这种趋势在进入21世纪以后表现得尤为明显。来自不同文化背景的人们之间的交往日益频繁，跨文化交际越来越普遍，这已经成为21世纪最为显著的特色之一。如何接纳不同文化、理解多元文化，如何在面对不同文化时客观地思考问题、思考文化的差异与本质，是我们必须面对的问题。

语言是一种文化的载体。在英语和汉语中有很多的谚语、成语等比较有民族特色的词语，它们从各自的角度解释了不同民族的文化渊源、历史传统、价值观以及生活习俗。因此，说不同语言的人之间的沟通，不仅是语言的沟通，而且是两种文化之间的沟通，人们之间的交际也是文化的交际。这也是文化本身的价值所决定的。也正是因为语言的这种特殊性，在进行英语翻译时要充分考虑语言中所蕴含的文化特性，站在跨文化的角度对英语翻译进行分析。

在内容上，本书共分为五个章节，第一章为英语翻译概述，具体分析了英语翻译的性质与分类、英语翻译基本原则、中西方翻译理论、翻译的基本问题四部分内容；第二章为文化与跨文化交际概述，分别阐述了文化的内涵与渊源、跨文化交际概述、中英语言、思维、文化对比；第三章为跨文化视角下英语翻译的理论研究，分别论述了跨文化翻译与文化人类学的发展、英语翻译中的跨文化视角转换与翻译、跨文化英语翻译中的语境、跨文化交际翻译中的“错位”现象、认知角度与隐喻的跨文化翻译、关联理论与隐喻的跨文化翻译；第四章为跨文化视角下英语翻译的策略与方法，主要分为跨文化视角下英语翻译的策略、增译法与减译法、重译法与分译法、意译法与回译法四个部分；本书第五章为跨文化视角下英语实用文体翻译，依次分析了跨文化视角下商务文体翻译、跨文化视角下法律文体翻译、跨文化视角下科技文体翻译、跨文化视角下文学文体翻译四部分内容。

在撰写本书的过程中，作者得到了许多专家学者的帮助和指导，参考了大量的学术文献，在此表示真诚的感谢。由于作者水平有限，书中难免会有疏漏之处，希望广大同行及时指正。

刘锦莲

2023 年 5 月

目　录

第一章　英语翻译概述

世界各民族相互交往，进行思想交流和文化交流等，都是通过翻译这一桥梁来实现的。本章主题为英语翻译概述，具体分析了英语翻译的性质与分类、英语翻译基本原则、中西方翻译理论、翻译的基本问题四部分内容。

第一节　英语翻译的性质与分类

翻译是一个熟悉而又复杂的问题。说它熟悉是因为自从语言产生以来，翻译就开始存在了；说它复杂是因为对“翻译”这一概念的界定多元而不统一。艾弗·理查兹（Ivor Richards）曾经说过，翻译很可能是宇宙进化过程中产生的人类最复杂的一类活动。所以翻译的定义也仁者见仁，智者见智。学者从不同视角对翻译进行界定，如语言视角、符号视角、文学视角、文化视角、信息视角、交际视角、原作视角、译作视角、读者接受视角等。

英国翻译理论家彼得·纽马克（Peter Newmarket）在《A Textbook of Translation》中这样写道：“What is translation？ Often，though not by any means always，it is rendering the meaning of a text into another language in the way that in the author intended in the text.”

纽马克的定义相对比较比较传统，把翻译局限在语言之间，把作者和原文放到了至高无上的地位，把涉及多个翻译利益方的行为仅限定在了一个利益方，而且用了“经常”和“并非总是”等字样，使得这个定义的概括性和普适性受到影响。对翻译的定义应该能够覆盖所有符合定义内涵的外延，而不只是在某些时候的某些外延。

美国翻译理论家尤金·奈达（Eugene Nida）在《The Theory and Practice of Translation》中这样定义：“Translating consists in producing in the receptor language the closest natural equivalent of the source language message, first in term of meaning and secondly in term of style."

翻译是实践行为，而实践行为是以目的为导向的。当翻译的目的是尽量忠实于原文时，译文自然越忠实越好，但当尽量忠实于原文不是翻译目的时，对翻译的评价则不会以译文是否十分忠实原文为评价标准。因此，是否十分忠实于原文不能作为评价所有译文的标准。奈达的定义不仅忽略了翻译的生态环境对翻译行为的影响，而且忽略了翻译是以目的为导向的实践行为，结果把某些翻译的标准等同于翻译本身，存在概念混淆的问题。

中国学者张培基认为："翻译是运用一种语言把另一种语言所表达的思维内容准确而完整地重新表达出来的活动。"①

张先生的定义言简意赅，抓住了语际翻译的本质。但两个副词"准确"和"完整"扩大了语际翻译的内涵，因此限制了语际翻译的外延，使忠实于原文的程度区间问题变成了一个极端问题，存在以偏概全的问题。

中国学者许钧的定义是："翻译是以符号为转换手段。意义再生为任务的一项跨文化的交际活动。"② 这个定义表达相对简洁。也没有使用"语言"而是使用了"符号"，使得翻译定义的内涵与外延更为匹配和严谨，既包括"符内翻译"又包括"符际翻译"，但在逻辑上存在一些问题。符内翻译未必总是跨文化，如用同一语言换一种方式解释一个术语、短语等都属于翻译的范畴，但却不是跨文化交际活动。因此，用一种类型的特点作为同一范畴中所有类型的典型特征，犯了概念与范畴混淆的层次错误。如果"符号"在此特指语言系统的话，意义再生确实是"跨文化"的，但问题是，是否存在不是跨文化活动的语言系统间的信息转换活动？跨文化是语言系统间信息转换活动的本质属性之一，不提出来也没有人能否认它的存在，但单提出这一属性，有挂一漏万之嫌，而且把属性之一与本质并置也存在着层次混淆的问题。"交际活动"的表达犯了类似的错误。事实上翻译还是脑力活动、体力活动等许多不同性质组合在一起的活动。另外，难道有什么符号间的意义再生不是交际活动吗？最后不得不强调的是，"符号"在此定义中的使用不够严谨，毕竟"符号"和"语言系统"不是同一个概念，不可相互替代，否则会出现概念不清、概念和范畴混淆的问题。

---

① 张培基．英汉翻译教程[M]．上海：上海外语教育出版社，1980．

② 王述文．综合英汉翻译教程[M]．北京：国防工业出版社，2008．

范仲英认为：“翻译是把一种语言的信息用另一种语言表达出来，使译文读者能得到原作者所表达的思想，得到与原文读者大致相同的感受。”[①] 这个定义不仅把翻译局限在语言之间，而且表达过于冗长，在强调作者思想时忽略了译者主体性，同时把翻译行为的本质与众多的翻译行为结果并置，用翻译行为和翻译结果或效果两个不同的概念之间的关系界定翻译概念本身，存在概念、范畴、顺序等多方面的问题。此外，界定中出现的“译文”字样也有界定循环表达的嫌疑。

一、翻译的性质

翻译是什么？不同的人对此问题有不同的看法，进而产生不同的翻译方法和策略。先来看看持不同翻译观的学者是如何解释翻译的。

语言学翻译观可分为传统型和当代型两种。传统型语言学翻译观以 19 世纪以来的传统语言学理论为基础研究翻译问题。英国的语言学家约翰·卡特福德（John CartFord）认为，“翻译是一项对语言进行操作的工作，即用一种语言中的文本来替代另一种语言的文本的过程”[②] 苏联语言学家巴尔胡达罗夫则认为，“翻译是把一种语言的连贯性话语在保持其内容（意义）的情况下改变为另一种语言的连贯性话语的过程”。[③]

当代语言学翻译观主要受当代语言学的影响，把研究的观点从语言本身扩展到交际语境、语域、语用等领域，认为翻译是一种交际活动从语言的功能和交际的角度来研究翻译，一般注重的是翻译信息而不是文字，目的是与接受者沟通。在西方翻译理论上，持交际翻译观的代表人物是尤金·奈达。奈达认为，“翻译就是在译入语中再现与原语的信息最切近的自然对等物，首先是就意义而言，其次是就文体而言”。[④] 这条定义常常被人引用。奈达认为，理想的译文应该由读者的反应来衡量，即译文读者对译文的反应应该与原文读者对原文的反应大致相同。我国著名翻译理论家刘宓庆则认为，“翻译的实质是语际的意义转换”[⑤]，蔡毅也认

① 范仲英．实用翻译教程 [M]. 北京：外语教学与研究出版社，1994.

② 卡特福德．翻译的语言学理论 [M]. 穆雷译．北京：旅游教育出版社，1991.

③ 巴尔胡达罗夫．语言与翻译 [M]. 蔡毅，虞杰等译．北京：中国对外翻译出版社，1985.

④ 许钧．生命之“轻”与翻译之“重”[M]. 北京：文化艺术出版社，2007.

⑤ 刘宓庆．当代翻译理论 [M]. 北京：中国对外翻译出版公司，2005.

为翻译的定义应该是“将一种语言传达的信息用另一种语言传达出来”。[①]

文艺学翻译规则从文艺学的角度来解释翻译，认为翻译是艺术创作的一种形式，强调语言的创造功能，讲究译品的艺术效果。苏珊·巴斯奈特（Susan Bassnett）、安德烈·勒菲弗尔（Andre Lefevere）等人是典型的文艺学派，他们认为，翻译就是对原文重新摆布。在我国，持文艺学翻译观的人也很多。例如，傅雷的“神似说”和钱钟书的“化境说”。傅雷认为，“以效果而论，翻译应当像临画一样，所求的不在形似而在神似”。[②] 钱钟书在《林纾的翻译》一文中则提出：“文学翻译的最高理想可以说是‘化’把作品从一国文字转变成另一国文字，既能不因语言习惯的差异而露出生硬牵强的痕迹，又能完全保存原作的风味，那就算得人于‘化境’。”

文化学翻译规则以文化为重点来研究翻译。持文化翻译观的学者认为，翻译不仅是语言符号的转换，而且是一种思想文化的交流，“翻译是跨语言、跨文化的交流”[③]。不少西方学者使用“跨文化”来形容翻译这一活动。巴斯内特和勒弗维尔认为，“翻译研究进入 20 世纪 90 年代，其历史性的转折点是文化研究”[④]。

从以上持不同翻译观的学者和翻译理论家对翻译的定义或解释来看，翻译过程不但涉及两种语言，还涉及两种文化。由此可见，翻译既是一种语言活动，又是一种文化活动，语言是文化的载体。翻译是通过语言机制的转换连接或沟通自身文化与异国文化的桥梁。实际上，翻译是两个语言社会之间的交际过程和交际工具，它的目的是要促进本语言社会的政治、经济或文化进步，任务是要把原作中包含的现实世界的逻辑映象或艺术映象完好无损地从一种语言中移注到另一种语言中去。

二、翻译的分类

“翻译”这个术语是一个笼统的概念。广义地讲，翻译包括语言和非语言符号之间的转换。本书要讨论的翻译一般集中在语言上，就是将某一语言活动的言

① 蔡毅．关于翻译理论中的几个基本概念问题 [J]. 中国俄语教学，2003，（1）：42—45.

② 傅雷．艺术与翻译：傅雷精选集 [M]. 济南：泰山出版社，2022.

③ 沈苏儒．论信达雅：严复翻译理论研究 [M]. 北京：商务印书馆，1998.

④ 胡玉兰．唐代著作郎官述论 [J]. 西安电子科技大学学报（社会科学版），2006（3）：105—111.

语产物转换到另一种语言中整个翻译活动可以按照不同的处理方法把翻译分为若干类型。

（一）根据翻译的源出语和目的语

美国语言学家、翻译理论家罗曼·雅各布逊（Roman Jakobson）认为，翻译是用另一种语言解释原文的语言符号。他在《论翻译的语言学问题》中，从语言学和符号学的角度，按照翻译的源出语和目的语，将翻译分为语内翻译、语际翻译和符际翻译。可以说，这三种类型的翻译几乎包括一切语言的交际活动。这种翻译分类也打破了翻译的传统框架，开阔了人们对翻译认识的视野。此后，翻译的领域作为一个概念得到了扩展，翻译方法的研究也进入一个崭新的阶段下面就详细分析这 3 种翻译类型。

1. 语内翻译

语内翻译是用同一语言的另一符号来阐释其言语符号。换句话说，语内翻译是同一语言间不同语言变体的翻译，如把用古英语写的《贝奥武甫》译成现代英语，把用古汉语写的《史记》译成汉语，把客家话译成普通话，把黑话、行话译成普通语言等或者说，语内翻译就是把一种语言材料用同一种语言换一种说法，即重新解释一遍语内翻译包括古代语与现代语、方言与民族共同语、方言与方言之间的转换。英语学习中解释疑难句子常常用到的 paraphrase 其实也是一种语内翻译，即同一种语言内部的翻译。

语内翻译不一定要指向某个预设的真理，它还可以沿着不同的路线导向不同的目的地，唯一能够确定的是，对同一文本的阐释有着共同的出发点。在某种程度上，语内翻译不需要将意指对象完整真实地显现出来，它仅是一种表现形式，体现着人类精神的相互沟通和相互阐发的过程，人类精神文化的不断创造过程，使人类的文化不断地丰富起来。

2. 语际翻译

语际翻译是运用另外一门语言的符号来阐释言语符号。换句话说，语际翻译是一种语言的符号与另一种语言的符号之间的口头或笔头的转换，如英译汉、汉译英等。实际上，语际翻译也就是人们通常所指的真正意义上的翻译，可以说是狭义的翻译。

可见，语际翻译是对原文符号在另一种文化中的解读，原文本中所有的符号都置身于一个宏观的文化背景或“非语言符号体系”中。要想达到语际翻译层面的对等，就要使处于源语文化中的符号在目的语文化中进行正确的解读与传译从符号学的角度来讲，一个语言符号的指示意义由三种意义共同构成分别是语义意义、句法意义和语用意义。如何正确传达这三种意义便是实现语际翻译的重点所在。

3. 符际翻译

符际翻译就是运用非言语符号系统来阐释言语符号。也就是说，符际翻译是语言与非语言符号或非语言符号间的翻译、语言与手势语间的翻译、英语与计算机代码间的翻译，数学符号、音乐符号、美术符号、手势语与旗语间的翻译等都属于语符翻译。

我国南京大学外国语学院许钧教授曾指出，所谓符际翻译，就是人类掌握的语言文字、音乐、绘画、舞蹈几种符号之间的翻译。这需要通过感知领悟音乐、绘画、文字和数理等符号系统。一般来说，掌握的符号越多，符号之间的翻译能力越强，感觉世界的能力也就越强可见，符际翻译是指原文符号在非言语层面上的解读。它并不传递原文的意义，而是传递对原文的直接感觉，是对作为基于图像符号意义本身特性的翻译。具体来说，符际翻译对等表明了原文与译文的一些相关的物理特征，英汉差异使译文在长度、标点符号使用上难以达到对等，但在符际层面上至少要达到外观结构上的大致对等。

（二）根据翻译的活动方式

就翻译的活动方式而言，翻译可分为口译、笔译、机器翻译和网络翻译。口译多用于外交会晤、经贸谈判、学术研讨和参观游览等场合。笔译多用于公文往来、商务信息、科学著作和文学翻译等活动。机器翻译主要利用计算机和其他设备进行，人工只起辅助作用。网络翻译则是随着计算机网络的普及而发展起来的一种新兴、快捷的翻译方式，主要依靠网络进行。

（三）根据翻译材料的文体

就翻译材料的文体而言，翻译可分为新闻文体、科技文体、应用文体、文学文体和论述文体。新闻文体包括新闻报道、新闻评论等。科技文体包括科学著作、实验报告、情报资料、设备和产品说明等。应用文体包括广告、启事、通知、契约、合同、公函、私信等。文学文体包括小说、散文、诗歌、戏剧等。论述文体包括社会科学著作、政治文献、演说报告等。

（四）根据翻译活动的处理方式

就翻译活动的处理方式而言，翻译可分为全译、节译、摘译、编译。全译就是把原文原封不动地照译出来，译者不得任意增删或自行改动，但必要时可加注说明或加序评论。节译就是根据原文内容把原文的全部或部分进行节段译出，但应保持原作内容相对完整。摘译就是译者根据实际需要摘取原文的中心内容或个别章节进行翻译，内容一般是原作的核心部分或内容概要。编译指译者在译出原文的基础上以译文为材料进行编辑加工。

第二节　英语翻译基本原则

一、翻译的基本原则

翻译的基本原则是翻译实践的准绳和衡量译文优劣的尺度国内外对翻译标准的讨论一直都没有停止过，正是在这场对翻译标准的讨论中，翻译理论的研究得到了不断的完善。因此，我们借用前人的研究成果来指导翻译的实践，即在翻译实践过程中应遵守翻译的两条基本原则分别是忠实和通顺。

所谓忠实，是指译文要准确地表达出原文的思想、内容和文体风格，再现出原文的特色：翻译不是译者的独立创作，而是把原作用另一种语言表达出来，译者不得对原文进行任何篡改、歪曲、遗漏或任意增删，如果译文与原作不符，那就不能称为“翻译”。对译者来说，要实现译文忠实于原作，便要先对原文有正确的理解，并且吃透原文的词义、语法关系和逻辑关系。

所谓通顺，是指译文语言通顺易懂、自然流畅，符合译文语言的表达习惯，没有文理不通、晦涩难懂等现象。

综上所述，翻译离不开“忠实、通顺”这两条目前翻译界公认的原则。实际上，忠实和通顺相辅相成。忠实而不通顺，读者就会看不懂译文，失去了翻译的意义；通顺而不忠实，脱离了原文的内容和风格，译还不如不译。

二、翻译工作者的基本要求

首先，翻译人员应具备良好的知识水平具备包括扎实的汉语和英语功底在内的基础知识和专业知识，这是翻译工作对译者的基本要求。通晓和掌握汉语与英语的基础知识是从事英汉互译的起码条件。专门知识对译者来说也是很重要的，译者必须懂新闻才能译好新闻文章，懂文学才能翻译出优秀的文学作品。

其次，译者需要具备包括自然科学和社会科学在内的百科知识，这类知识并无固定的专业范围。另外，译者还需了解有关国家历史、地理、政治、经济、军事、外交、科技、风俗习惯、宗教信仰、民族心理、文化传统等方面的基本情况。

再次，译者应力戒在两种语言转换过程中的狭隘对等意识虽然在翻译过程中两种语言的确存在对等现象，但由于各个民族在自然环境、历史传统、风俗习惯、民族心理和文化传统等方面存在着巨大差异，这种差异必然会体现在语言上，即两个民族必然会采用不同的词语或表达方式来描述同一事物或现象如果一味地追求对等，必然导致译文让读者困惑难懂，无法理解。例如，一旦将英语中的“level”与汉语中的“水平”机械地对等起来，那么汉语的“英语水平”“生活水平”“游泳水平”就很可能译为“English level”“living level”“swimming level”，而实际上，它们在英语中的对应词是“English proficiency”“living standard”“swimming skill”。

最后，译者应具有爱国主义意识。一方面，根据我国的国情，选择好的作品进行翻译，运用正确的立场、观点和方法来分析、研究和深入理解原作的内容；另一方面，译者应本着让世界各国人民了解中国的原则，积极对外宣传我党的路线、方针、政策，宣传我国的社会主义建设成就，宣传社会主义道德、风尚和文化，积极推动对外交流，促进中国人民同世界各国人民之间的友谊。

第三节　中西方翻译理论

一、中国的翻译理论

（一）中国古代翻译理论

中国的翻译活动可追溯到春秋战国时期，当时的翻译活动主要限于诸侯国家之间的相互交往，所以这种翻译还谈不上是语际翻译。在中国翻译史上，真正的语际翻译当属佛经翻译。佛经翻译历经千年，出现了一大批杰出的翻译人员，他们译出的佛教经卷数以万计，为佛教在中国的传播以及丰富中国的语言、文化作出了不可磨灭的贡献。同时，不少译经人在佛经翻译过程中总结出一些翻译心得，其中有一些已具备理论的雏形，如支谦、释道安、鸠摩罗什、彦琮、玄奘、赞宁等。在这些人之后，明末清初也有一些翻译理论家提出了比较著名的翻译观点，如徐光启和魏象乾。下面进行具体介绍。

1. 支谦的翻译理论

支谦是三国时期主要的佛经翻译人，他在《法句经序》中论述了自己的主要观点："唯昔蓝调、安侯世高、都尉、佛调，译梵为秦，审得其体……因循本旨，不加文饰，译所不解，则阙不传……然此，虽辞朴而旨深，文约而义博，事钧众经，章有本故，句有义说。"对这一观点的意思分析如下所示。

①"唯昔蓝调、安侯世高、都尉、佛调，译梵为秦，审得其体"这一句是支谦对前人翻译的客观总结。

②"因循本旨，不加文饰"是支谦所倡导的一种翻译原则或翻译方法。

③"译所不解，则阙不传"是支谦制定的一种权宜策略。

④"然此，虽辞朴而旨深，文约而义博，事钧众经，章有本故，句有义说"是支谦对译文结构进行的层次上的评析。

此外，支谦还提出了当时译者所面临的两大难题，一个是"或得梵语，或以义出音"；另一个是"名物不同，传实不易"。前者是关于译音和译义的问题，后者则是关于名物概念的翻译问题。可见，支谦意识到了本质与现象、内容与形式的统一问题，而且他把“本旨”“文饰”作为相对的概念来讨论翻译理论，加深了人们对翻译的认识。

2. 鸠摩罗什的翻译理论

鸠摩罗什是天竺（印度）人，东晋后秦时来华，译经三百多卷，一改过去音译的缺点，主张意译，并倡导译者署名他的译著有《天然西域之语趣》，忠于原作，译文妙趣盎然，为我国的翻译文学奠定了基础鸠摩罗什没有正面提出译论，他的观点散见于一些论述中。

鸠摩罗什从佛经文体出发，认为梵语转汉语时虽然可以不失大意，但在文体上总是隔了一层，其宫商体韵不但不能经过翻译传达，连文藻也会失掉。因此，他力图在译经文体上有所改进，使其既通俗化又富有优美的文学色彩，同时保留原作的风姿。在文质问题上，他主张只要不违背原意，则不必拘泥于原文形式，在存原则真的指导下可以“依实出华”，达到辞旨婉约、自然流畅、声韵俱佳的效果。此外，对于译名的问题，他也提出了自己的观点，对于那些难以在汉语中找到对应的梵语可以采用音译法，如人名、神名和一些不翻译的专用名词，他一般都采用音译。一方面，这避免了不同音译所造成的牵强附会，或由于音译过多使译文难懂的弊病；另一方面，恰当的音译在一定程度上丰富了汉语的词汇，同时使译文保留了一些异国色彩，增加了文辞的美感。

3. 彦琮的翻译理论

彦琮是隋代一位有影响的翻译家，他翻译过很多佛经，其主要观点是“八备”说，是指做好佛经翻译必须具备的八项条件分别是诚心爱法，志愿益人，不惮久时；将践觉场，先牢戒足，不染讥恶；筌晓三藏，义贯两乘，不苦暗滞；旁涉坟史，工缀典词，不过鲁拙；襟抱平恕，器量虚融，不好专执；耽于道术，淡于名利，不欲高衔；要识梵言，方闲正学，不坠彼学；薄阅苍雅，粗谙篆隶，不昧此文。

通俗来讲，佛经翻译人员应该具备以下条件。

①诚心爱法，立志为人奉献，不怕耗时、费力。

②品行端正，忠实可信，不招别人讥笑、讨厌。

③博览佛经，通达义旨，不拖泥带水。

④涉猎中国经史，擅长文学，精于辞藻，笔锋达意。

⑤度量宽和，虚心求教，不武断固执。

⑥深爱道术，不喜名利，不出风头。

⑦精通梵语，熟悉译法，不失原义。

⑧兼通中国训诂，使译文不失准确。

上述条件中，第一点、第二点、第五点和第六点是关于翻译主体的人格修养，第三点、第四点、第七点和第八点是关于翻译主体的学识修养，即译者所具备的理解能力、表达能力以及掌握两种语言的水平在文与质的问题上，彦琮在《辩证论》中提出“宁贵朴而近理，不用巧而背源”的原则，坚持忠实第一。

4. 玄奘的翻译理论

玄奘是唐代佛经翻译的代表人物。他的翻译著作很多，但关于其译论的资料很少后人总结出他的翻译思想为“既须求真，又须喻俗”玄奘的佛经译文既忠于原文，又注重文体风格，是文质结合的典范。

（1）五不翻原则

玄奘提出了“五不翻”原则，这里的“不翻”实际上就是采用音译。

①秘密故不翻。意思是说，具有神秘色彩的词语不用意译，而应采用音译。

②多含故不翻。意思是说，具有多种含义的词语不用意译，而应采用音译。佛教经典中有些词语含义非常丰富，而汉语中找不到与之完全对应的词语，如果使用其中一个含义的词语，则会造成信息与意义缺失。

③此无故不翻意思是说，目的语文化中没有的词语不用意译，而应采用音译例如，“阎浮树”又名“胜金树”，只产于印度等地，中国没有这种树，所以采用音译。

④顺古故不翻意思是说，对以前已经存在并广泛使用的约定俗成的音译词语不用意译，而应遵循习惯沿袭其原有的音译。

⑤生善故不翻。意思是说，有些词语用音译能令人生尊重之念，否则容易等闲视之，所以对这类词语不用意译，而应采用音译。

简而言之，这五种原则比较全面地回答了支谦的“名物不同，传实不易”的问题。

（2）翻译技巧

在翻译实践中，玄奘主要运用了以下 6 种技巧。

①补充法（增词法）。

②省略法（减词法）。

③变位法（根据需要调整句序或词序）。

④分合法（分译法和合译法）。

⑤译名假借法（用另一种译名来改译常用的专门术语）。

⑥代词还原法（把原来的代名词译成代名词所代的名词）。

5. 徐光启的翻译理论

徐光启是明末著名的科学家、政治家、翻译家，他翻译过《几何原本》《泰西水法》《灵言蠡勺》等，是将我国翻译的范围从宗教以及文学等扩大到自然科学领域的第一人徐光启没有留下系统的翻译理论，但其散见于译书序言中的翻译思想对当时士大夫和传教士翻译科技著作的工作产生了积极的影响，他的翻译思想集中体现在以下3个方面。

①认识到胁译的重要性，认为翻译是吸取他国长处的先决条件和方式。欲求超胜，必须会通；会通之前，必须翻译，这种拿来主义的翻译态度是十分宝贵的思想放在当时的历史与文化语境下，显得弥足珍贵。

②提出翻译时要抓重点，抓“急需”西方数学的严密理论和逻辑体系是其他学科的基础，因此应该将数学专著的翻译放在首位。

③在《几何原本》译序和杂议中谈到翻译的目的是“以裨益民用”，即通过翻译来造福人民。

（二）中国近代翻译理论研究

近代翻译理论是指鸦片战争至五四运动时期形成的有关翻译的见解和理论这一时期的翻译以西学翻译为主，涌现出一批优秀的翻译家，他们致力于翻译的实践研究，提出了独到的翻译见解和理论。可以说，这一时期是我国翻译理论自成体系的开创时期。

1. 徐寿、傅兰雅的翻译理论

徐寿是洋务运动时期著名的化学家、科技翻译家，他与傅兰雅合译或自译西方书籍13种，代表作有《化学鉴原》《化学术数》《化学考质》等，并首创了一套化学元素的中文名称。傅兰雅结合自己丰富的翻译经验，提出了翻译应“不失原文要旨”“易于领会”的翻译标准。这一时期的翻译大家对翻译理论的最大贡献是对科学技术术语的统一工作，从译名统一的原则到科学术语词典的编纂都在翻译史上留下了宝贵的财富。傅兰雅、徐寿等人提出了著名的“译名七原则”

第一，尽可能直译，而不意译。

第二,万一不能意译，则要用尽量适当的汉字音译，要建立音译体系，基本词素要固定，要用官话音译。

第三，新术语尽可能同汉语的固有形式构建相一致。

第四，译名要简练。

第五，译名要予以准确的定义。

第六，译名在各种场合都要符合原意，不致矛盾。

第七，译名要有灵活性。

“译名七原则”的提出对科技名词的翻译和外来科学技术的引入作出了一定的贡献，促进了中国翻译理论的形成；有力地驳斥了汉语难译科技书籍的说法，指出中国人也可以创造新词汇；倡导科技译名统一，并制定译名的具体规则，使有关地理、物理、化学、医学、数学等科学书籍译成，并广泛流传。

2. 梁启超的翻译理论

梁启超是我国近代史上著名的思想家和文学家梁启超把翻译当作强国之道，目的在于推行维新变法。梁启超在其长篇巨著《变法通议》的第七章（论译书）中指出了译书的两个弊端，“一曰徇华文而失西义，二曰徇西文而梗华读”，即一是由于遵循汉语的表达习惯而失去了原文的文化内涵等，二是由于遵循英语的表达习惯而造成汉语译文的晦涩难懂。

同样在第七章中，梁启超指出:“自鸠摩罗什、实叉难陀皆深通华文，不著笔受。玄奘之译《瑜伽师地论》等，先游身毒，学其语，受其义，归而记忆其所得从而笔之。言译者，当以此义为最上”这段话的含义是鸠摩罗什和玄奘等都精通汉语和梵文，能够了解原文含义，因此翻译时无须多加润饰，只需记下来直接译成汉语即可，这是翻译的最佳方法，也值得其他译者效仿。梁启超还在书中指出：“凡译书者，将使人深知其意，苟其意靡失，虽取其文而删增之，颠倒之，未为害也。然必译者之所学与著书者之所学相去不远，乃可以语于是。”其含义是翻译书籍务必要让读者深刻了解原文含义，如果原文含义有所迷失，只保留原文部分含义或增减原文内容、颠倒原文顺序等，都是有害的。另外，译者的学识专业必须和原作者接近，这样才能翻译出质量上乘的作品。

3. 鲁迅的翻译理论

鲁迅是中国著名的思想家、革命家、文学家、评论家，下面具体介绍鲁迅的翻译思想。

①翻译目的。鲁迅认为，翻译的目的有两个分别是为革命服务和供大家参考。鲁迅在《“硬译”与“文学的阶级性”》一文中曾论及“为什么而译”这一问题，他的回答是“为了我自己，和几个以无产文学批评家自居的人，和一部分不图‘爽快’，不怕艰难，多少要明白一些这理论的读者”。鲁迅认为翻译要“有用”“有益”。

②以信为主，以顺为辅。鲁迅认为翻译应做到“信”和“顺”，并认为“信”是翻译工作中最重要的，译者应在保证“信”的同时，尽量使译文流畅通顺。对于当时有人提出的“与其信而不顺，不如顺而不信”的观点，鲁迅在《再来一条“顺”的翻译》中加以批判，并提出了“宁信而不顺”的观点，“这自然是‘顺’的，虽然略一留心，即容或会有多少可疑之点……这才明白《时报》是因为译者不拘泥于‘硬译’，而又要‘顺’，所以有些不‘信’了。倘若译得‘信而不顺’一点，大略是应该这样的……”

对此，人们常常产生一个误解，即鲁迅求信而不求顺。但仔细阅读这段话不难看出，“信而不顺”的观点是在相互比较的情况下提出的，是相对的而非绝对的事实上，鲁迅并未把“信”和“顺”对立起来，并不认为取“信”就要放弃“顺”，而是持“以信为主，以顺为辅”的观点。

③以直译为主，以意译为辅。对于翻译的策略，鲁迅明确提出直译的主张，这是针对翻译多随意删减、颠倒、附益的不良风气而提出的鲁迅在《域外小说集》的《略例》中指出，“任情删易，即为不诚。故宁拂戾时人，这徙具足耳”，这表达了其直译的观点。需要指出的是，鲁迅所提倡的直译并非死译，也不是逐字翻译，而是既要保存原文全部的思想内容，又要尽量保留原文的语言形式、风格等。

④复译有必要。由于很多学者乱译、硬译，致使很多读者都不愿意看翻译的作品，并且严重影响了中国读者对原作的认识。鲁迅认为，要改变这种情况需要对那些已有翻译版本的原作进行复译。他在《非有复译不可》一文中曾指出：“诬赖、开心、唠叨都没有用处，唯一的好方法是又来一回复译，还不行，就再来一回”

这一思想对我国翻译事业的健康发展作出了不可磨灭的贡献。

⑤提倡翻译批评对于当时国内盛行的乱译、硬译现象，鲁迅提出了翻译批评，他不仅指出了以前的翻译批评的不当之处，还对翻译批评该如何开展提出了很多独到的见解，为后来翻译批评的健康发展起到了促进作用。

鲁迅在《为翻译辩护》中指出，翻译作品不好的主要责任虽在于译者，但读书界、出版界、批评家也有一定的责任。要改变、整顿现在翻译的恶劣风气，正确的翻译批评是必需的通过翻译批评指出坏的，奖励好的；如果没有好的，则较好的也可以；如果连较好的也没有，则要在指出译本坏的地方之余还要指出其好的地方。

由上述可知，鲁迅对翻译批评的态度十分宽容。他鼓励和支持翻译，并提倡区分译文质量的好坏，为读者选出好的或者较好的译文，即使没有这样的译本，也要从不完全坏的译本中找出好的方面，从而尽可能地让读者受益。这种翻译批评法对端正翻译批评之风无疑是极为有利的，而鲁迅的这种辩证唯物主义思想也成为中国翻译批评日后进一步发展的基石，有助于将中国的翻译批评引入一条正确的道路上。

4. 严复的翻译理论

严复是中国近代翻译史上学贯中西、划时代意义的翻译家，也是我国首创完整翻译标准的先驱者。严复吸收了中国古代佛经翻译思想的精髓，并结合自己的翻译实践经验，在《天演论》里鲜明地提出了“信、达、雅”的翻译原则和标准。

“信”是指忠实准确地传达原文的内容。“达”指译文通顺流畅。“雅”可解为译文有文采，文字典雅。

这条著名的“三字经”对后世的翻译理论和实践的影响很大，20 世纪的中国译者深受这三个字影响。

（三）中国现代翻译理论研究

1. 胡适的翻译理论

胡适是我国现代著名学者、诗人、历史学家、文学家和哲学家。从 1919 年起，胡适陆续翻译了阿尔丰斯·都德（Alphonse Daudet）、居伊·莫泊桑（Henri Maupassant）、安东·契诃夫（Anton Chekhov）等人的短篇小说，乔治·拜伦

(George Byron) 的长诗《哀希腊》，亨利克·易卜生 (Henrik Ibsen) 的剧本《娜拉》(与罗家伦合译) 等西方著作。

胡适也是中国白话新诗翻译的领军人物。他认为，用文言文字译诗，无论做得怎样好，“究竟只够供少数人的赏玩，不能行远，不能普及”(《五十年来中国之文学》)。诗歌必须为民众所理解和接受，因此翻译应该做到明白流畅胡适的诗歌翻译无论在语言、格律还是意境上，都极大地促进了白话的开创和发展。

胡适用十分严肃认真的态度对待翻译，提出了“三负责”之说。他认为写文章有两重责任，一是向自己负责；二是向读者负责。翻译文章有三重责任，一是要对原作者负责任，求不失原；二是要对读者负责任，求他们读懂；三是要对自己负责任，决不自欺欺人。

他在《建设的文学革命论》中提出了翻译西洋文学名著时只译名家著作，不译第二流以下著作的看法。他还主张全用白话进行翻译。他的这两个观点在当时很有影响力，大大推动了白话文翻译的发展。

2. 郭沫若的翻译理论

郭沫若是中国现代著名的诗人、文学家、戏剧家和翻译家，其翻译理论主要表现在以下 3 个方面。

①风韵译理论。郭沫若在为田汉译《歌德诗中所表现的思想》一文的“附白”中指出:“诗的生命，全在它那种不可把握之风韵，所以我想译诗的手腕与直译意译之外，当得有种‘风韵译’”。“风韵译”理论不赞同移植或逐字逐句地翻译，而是强调“以诗译诗”，认为翻译的过程是两种文化融合的过程，不仅是两种语言的转换，更是译者对原文审美风格的再创造。

②生活体验论。对于译者的素质，郭沫若认为主体性、责任心是译者必须具备的。他认为，翻译工作要求译者具有正确的出发点和高度的责任感，一方面要慎重选择作品，另一方面要以严肃的态度进行翻译。除了责任心以外，郭沫若认为译者主观感情的投入对翻译工作也十分重要。翻译之前，译者先要深入了解原文作家和作品，只有这样才能更深刻地了解原文和作者的思想。郭沫若曾说自己在翻译别人的作品时常常和原作者“合而为一”，使自己变成作者，融入作品中，体会原作的情感与内涵。这种“合而为一”的翻译思想对翻译理论的发展同样作出了重要的贡献。

③好的翻译等于创作。郭沫若早期将原作与翻译之间的关系比作处女和媒婆，认为翻译是一种附属事业，贬低了翻译的作用。而随着文学思想转变，郭沫若端正了对翻译的态度，认识到了翻译的重要作用，并指出“好的翻译等于创作，甚至可以超过创作”。翻译有时比创作还困难，因为创作需要一定的生活体验，而翻译需要体验别人体验的生活。另外，翻译要求译者不仅有很高的英文功底，还要有扎实的汉语功底。由此可见，翻译其实并不比创作容易。

翻译不是一个简单的工作，而是一种需要创造力的艺术好的翻译和创作无异，甚至会超过创作。郭沫若本人在翻译过程中无不关注原作的艺术风格和精神思想，并将其融入笔端，进行艺术的再创作。只有这样的创造性翻译才是真正高质量的翻译。

3. 傅雷的翻译理论

傅雷是中国著名的文学翻译家、文艺评论家，他在《高老头》译序中提出了“神似论”的翻译标准。具体来说，对翻译理论的贡献主要表现为两方面。

①传神达意。傅雷曾说，领悟原文是一回事，而将原文含义用汉语表达出来又是另外一回事。他认为翻译时做到“传神达意”必须把握好以下三点。

第一，中文写作。傅雷认为，好的译文要给人一种原作者在用汉语写作的感觉，这样原文的精神、意义以及译文的完整性和流畅性都得以保全，也不会产生以辞害意或以意害辞的问题。

第二，反复修改。傅雷对待翻译的态度极其严肃，并以“文章千古事，得失寸心知”为座右铭。傅雷指出，好的翻译离不开反复地锤炼和修改，做文字工作不能只想着一劳永逸，而应该不断地推敲、完善。

第三，重视译文的附属部分。所谓译文的附属部分，即注解、索引、后记、译文序等内容，这些内容都对译文能否“传神达意”有着重大影响。妥善处理这些内容有助于读者更好地理解原文的形式和内容。

②神形和谐。傅雷认为，翻译要像临画，重点求神似，形似在次。他将中国古典美学理论运用于翻译之中，用绘画中“形神论”的观点来对待翻译。傅雷指出，要做到传神达意，仅按照原文句法拼凑堆砌是不行的，更重要的是要和原文神似但这并不是说译者可以抛弃原文的形式，而是要在和原文神似的基础上追求形似，不能求形而忘神神和形是语篇的两方面，两者紧密联系。神依附于形而存

在，神又是形的根本意图。因此，两者是一个和谐的整体，其各自的轻重无法简单衡量。

形与神的和谐需要译者的创造。傅雷认为翻译的标准是，假设译文是原作者用汉语撰写的，提倡译文必须使用纯粹的、规范的中文，不能声音拗口。另外，为了再现原文的生动内容，体现出时空、语境的差异，傅雷还指出译者必须杂糅各地方言，也可以使用一些旧小说套语和文言。使用方言、旧小说套语和文言的关键在于适当调和各成分在语篇中的作用，避免导致译文风格支离破碎。傅雷这种将方言、行话、文言和旧小说套语等融入白话文中，从而竭尽所能地传达原文的“神韵”，不能不说是一个创造性之举。

4. 钱钟书的翻译理论

钱钟书是我国著名的作家、文学研究家，他对翻译也有很多发人深省的论述。“化境说”是钱钟书对翻译理论的主要观点，也是最大贡献。“化境”和中国传统文论一脉相承，原指艺术造诣达到精妙的境界，被钱钟书引入翻译领域中则指原作的“投胎转世”。钱钟书在《七缀集·林纾的翻译》中首次提出了“化境说”的翻译观。具体而言，“化”包括以下 3 个方面。

①转化，即将一国文字转换成另一国文字。

②归化，即能用汉语将外国文字准确、流畅、原汁原味地表现出来，读起来不像是译本，倒像是原作。

③化境，即原作的“投胎转世”，虽然语言表现变了，但精神姿质如故。此外，“化”还需注意以下两方面。

一方面，翻译时不能因为语言表达的差异而表现出生硬、牵强之感，否则须得“化”之。

另一方面，“化”的时候不能随便去“化”，不能将原文文本中有的东西“化”没了，即虽然换了一个躯壳，译文仍要保留原文的风味、精神、韵味。

综上所述，“化境”是钱钟书将原本用于中国古典美学的“境界”概念引入翻译领域中得出的一种翻译理论。他指出，“境界”是所有学科的共性，是相通的。钱钟书将文学翻译理论纳入文艺美学范畴的做法对中国文化而言意义深远。“化境说”不仅兼顾了翻译中的语言形式和神韵，还强调了译者的创造性。因此，“化”是翻译的最高境界。

5. 焦菊隐的翻译理论

焦菊隐是我国著名的戏剧家、杰出的导演艺术家、卓越的文学翻译家和翻译理论家。他精通多种文字，译笔流畅自然，且具有独特的戏剧风格，其主要译作有夏尔·波特莱尔（Charles Baudelaire）的《月亮的恩惠》、莫里哀（Moli è re）的《伪君子》、爱弥尔·左拉（Émile Zola）的《娜娜》、皮埃尔·高乃伊（Pierre Corneille）的《希德》、爱伦·坡（Allan Poe）的《海上历险记》《爱伦·坡故事集》、俄国契诃夫的《歌女》《樱桃园》、马克西姆·高尔基（Maxim Gorky）的《布雷乔夫》、丹钦柯的《文艺·戏剧·生活》、汉斯·安徒生（Hans Andersen）的《现代戏剧译丛》、迦梨陀娑（K ā lid ā sa）的《失去的戒指》、贝拉·巴拉兹（B é la Bal á zs）的《安魂曲》等。

焦菊隐发现，有的译文若是用原文去对照，可能任何一句都没有错，但全段或全篇读完反倒不知道说的是什么。产生这种现象的原因在于译者孤立地理解句子或段落，忽略了原文的整体思想与感情。因此，他发表了著名论文《论直译》，提出了“整体论”的翻译思想，认为译者要建立整体观念，做到整体意义对应，然后再从上而下、由大到小地考察每个部分的意义，逐步完成各个部分的对应。他提出的“整体论”是对篇章翻译理论的一大贡献，丰富了我国的翻译理论和思想，具有重要的理论意义和实践价值。他从哲学的角度科学地论述了词的绝对价值和相对价值，指出一个词在篇章中的意义往往不是它的固有词义，而是它在特定环境（上下文）中的具体所指他还提出翻译是“二度”创造的艺术。许多翻译工作者经过一二十年的努力，仍未能提升自己的水平，就是因为缺乏“翻译是二度创造艺术”的认识。

二、西方翻译理论

（一）古代至中世纪翻译理论

1. 西塞罗的翻译理论

马尔库斯·西塞罗（Marcus Cicero）是古罗马共和国末期的政治家、哲学家、演说家、散文家、律师和拉丁语言大师，是西方翻译史上最早的翻译理论家之一。西塞罗曾翻译过许多古希腊政治、哲学、文学等方面的名著，其中包括柏拉图的

《蒂迈欧篇》和荷马的《奥德赛》。因此，他的译论深深植根于翻译实践的基础之上。西塞罗对翻译理论的阐述主要见于《论最优秀的演说家》和《论善与恶之定义》。虽然这两部著作并非论述翻译的专著，但其中的精辟见解对后世的翻译理论与实践产生了深远的影响。

在《论最优秀的演说家》第5卷第14章中，西塞罗提出的所谓“解释员”式翻译与“演说家”式翻译的区分，即直译与意译两种基本译法的区分，是西方翻译理论起源的标志性语言。在《论善与恶之定义》中，西塞罗提出翻译必须采取灵活的方式，选词造句要符合自己的语言，以达到感动读者的目的。在此基础上，西塞罗强调翻译是一种文学创作，西塞罗是西方翻译史上正式提出翻译的两种基本方法，译作与原作的关系、形式与内容的关系及译者的权限和职责等问题的第一人。他在一定程度上打破了翻译只限于实践而脱离理论的状态，是西方翻译史上的第一位理论家。

2. 圣哲罗姆的翻译理论

圣哲罗姆（Hieronymus）是早期西方基督教会四大权威神学家之一，被认为是罗马神父中最有学问的人。圣哲罗姆提出了切实可行、系统严谨的翻译原则，主要有以下3点。

①翻译不能始终字当句对，必须采取灵活的原则。

②应区别对待“文学翻译”与“宗教翻译”。

③正确的翻译必须依靠正确的理解。

3. 布鲁尼的翻译理论

李奥纳多·布鲁尼（Leonardo Bruni）是意大利著名的人文主义者、学者和政治家，是中世纪末期最著名的翻译理论家，他在《论正确的翻译方法》这篇论文中对翻译问题进行了专门论述，是西方翻译史上最早对翻译问题进行专题研究的学者布鲁尼的翻译思想主要有以下3个方面的内容。

①译者应当尽可能地模仿原作风格。

②任何语言都可以用来进行有效翻译。

③翻译的实质是把一种语言里的东西转移到另一种语言中，因此译者必须具备广泛的知识。

4. 昆体良的翻译理论

马库斯·昆体良（Marcus Quintilian）是西塞罗、昆图斯·贺拉斯·弗拉库斯（Quintus Horatius Flaccus）之后提倡活译的另一位著名人物，以演说家、修辞学家著称。他一生写过三部著作，其中最有名也是唯一残存的作品就是《修辞学原理》，这部十二卷本的《修辞学原理》讨论的是有关修辞学家一生的教育问题，但昆体良在第八、第九、第十卷阐述了自己的翻译思想他不仅提出了翻译的分类，即一般普通材料的翻译和创造性转换性质的翻译界定了“翻译”和“释义”，而且主张译者可以通过翻译改进写作风格与原文竞争，甚至可以通过改编翻译，用编译的语言提高原文的质量、《修辞学原理》是西方翻译理论著作中最早提出与原作“竞争”的论著。

（二）文艺复兴时期翻译理论

1. 马丁·路德的翻译理论

马丁·路德是德国辩论家、社会学家和翻译家。他翻译的《伊索寓言》具有很高的文学价值：路德在翻译理论方面的主要贡献体现在以下 5 个方面。

①使用大众所熟悉的通俗语言才能使翻译大众化。

②翻译必须注重语法和意思的联系。

③翻译要将原文的语言现象放在首位，要采用意译的方法帮助读者完全看懂译文。

④翻译必须集思广益。

⑤系统地提出了翻译的七条原则：第一，可以改变原文的词序；第二，可以合理运用语气助词；第三，可以增补必要的连词；第四，可以略去没有译文对等形式的原文词语；第五，可以用词组翻译单个的词；第六，可以把比喻用法译成非比喻用法，把非比喻用法译成比喻用法；第七，注意文字上的变异形式和解释的准确性。

2. 多雷的翻译理论

艾蒂安·多雷（Etienne Dolet）是法国文艺复兴时期著名的人文主义者、学者和翻译家，多雷博学多才，思想解放，他因主张意译而被活活烧死在火刑柱上，时年 37 岁，是文艺复兴以来第一位因翻译而受难的翻译家。

在多雷看来，翻译是译意，而不是译字。为了表达作者意图，译者有调整、颠倒译文句式的权利。多雷在《论出色翻译的方法》一文中对翻译问题进行了系统的论述。他认为，要想翻译得出色，必须做到以下 5 点。

①译者必须完全了解自己所翻译的作者的旨趣和内容。

②译者应该精通原文语言和目的语言，不损害原文的优美。

③译者不应该亦步亦趋地逐字翻译。

④译者应该避免刻板的拉丁化味儿太浓的语言，使用通俗的语言表达。

⑤译者应该调整次序，重构语序，避免生硬地翻译。

多雷的翻译理论造诣很高，再加上他本人被神职人员迫害致死，所以他的“五原则”在西方翻译界极受珍视，《论出色翻译的方法》这篇论文可被视作西方最早的一篇系统论述翻译问题的文章，在西方翻译思想史上占有相当重要的地位。

（三）西方近代翻译理论

1. 巴特的翻译理论

夏尔·巴特（Charles Batteux）是 18 世纪法国乃至欧洲最富影响力的文学理论和翻译理论家之一，他的代表著作有《论文学原则》和《纯文学教程》。巴特认为，语言的普遍因素不是语法，而是语序，语法结构为句子次序所支配，因此，如果出现矛盾，语法结构应让位于句子次序。他在《论文学原则》的第五部分着重讨论了翻译的语序问题，并提出了 12 条规则，如应该保留原文思想出现的先后顺序，原作中所有的连接词都应该保留，应该使用尽可能相同的篇幅来表达以使译文具有与原文同等程度的明晰，必须在译文中保留原作的修辞手法和形式等。

《论文学原则》集中体现了巴特对翻译问题的种种看法，观点新颖，论述精当，是西方 18 世纪翻译理论发展史上的一个里程碑。巴特既是一个翻译理论家，又是一位积极的翻译实践者他所译的亚里士多德的《诗学》始终保留原作的语序，句子长短也与原文接近，达到了形式上的对等。

2. 歌德的翻译理论

约翰·歌德（John Goethe）是享誉世界的文坛巨匠，是近代德国伟大的文学家、翻译家和翻译理论家。他所译的意大利雕刻家本韦努托·切利尼（Benvenuto Cellini）的《自传》、西班牙戏剧家卡尔德隆·巴尔卡（Calderón

Barca）的戏剧和法国哲学家德尼·狄德罗（Denis Diderot）的《拉摩的侄儿》等作品，在整个欧洲文学中都是最有影响的上乘之作。

在歌德看来，翻译是世界事务中最重要、最有价值的活动之一，译者是人民的先知，因此人民应该重视翻译。他认为，文学作品包括诗作的可译性之所以存在，是因为不同的语言在其意思和音韵的传译中有着彼此相通的共性。他把翻译分为三类分别是传递知识的翻译、按照译语文化规范的改编性翻译和逐字对照翻译。

歌德的翻译理论是建立在浪漫派的美学基础之上的，因此他认为第三类翻译最好，既能传递原文的信息，又可以体现译文的优美。同时，他提出不论外国名著是诗体还是散文体，都应使用平易明快的散文体来翻译。歌德的翻译理论，尤其是以散文译诗和三种翻译类型的主张，对德国以及其他欧洲国家的翻译理论和实践都有很大的影响。

3. 洪堡的翻译理论

威廉·洪堡（Wilhelm Humboldt）是德国的哲学家、教育改革家和语言学家，对德国在18世纪末至19世纪初成为西欧翻译理论研究中心作出过特殊贡献。《按语言发展的不同时期论语言的比较研究》和《论人类语言结构的差异及其对于人类精神发展的影响》是他的两部代表性论著。此外，他为自己翻译的古希腊戏剧家埃斯库罗斯（Aeschylus）的《阿伽门农》写过一篇重要的序言。在这些论著中，他用崭新的观点对语言问题进行了深刻的讨论。

洪堡认为，语言和人类思维、民族精神、文化有着密不可分的关系，语言决定思想文化。他提出，可译性与不可译性是一种辩证关系。虽然语言的不同给翻译带来一定的困难，但不同语言之间的翻译是可能的，而且翻译对丰富译入语民族文学和语言起着难以替代的作用。在谈到翻译原则时，洪堡主张把忠实列为翻译的首要原则，但这种忠实必须指向原文真正的特点而不是其他旁枝末节。

洪堡的最大贡献在于他提出了一种两元论的语言观尽管在19世纪这种语言观并没有引起重视，但在20世纪，现代语言学家弗迪南·德·索绪尔（Ferdinand de Saussure）等在洪堡两元论的影响下提出了二分法语言观，即语言可以从“语言系统”和“言语系统”两方面进行分析，奠定了现当代翻译理论的基础可见，没有洪堡的两元论就没有二分法语言观，也就没有了当今翻译理论的繁荣发展。

（四）西方现当代翻译理论

在现当代，国外涌现出了一大批翻译理论学家，他们对翻译的研究大大丰富了翻译理论的内容，拓展了翻译研究的方向，对世界翻译理论作出了一定的的贡献。这里以学派为分类标准，介绍一些具有代表性的学者的翻译理论。

1．语言学派

奥古斯丁以亚里士多德的“符号”理论为基础，提出了语言符号的“能指”“所指”和译者“判断”的三角关系，开创了西方翻译理论的语言学传统。20世纪初，弗迪南·德·索绪尔提出的普通语言学理论对语言和言语、语言的历时和共时进行了区分，提炼出了语言符号对立统一的性质，在一定程度上影响了其他人文学科，如哲学、人类学、社会学、文化学、历史学、逻辑学、美学等，也极大地影响了西方翻译理论的发展，构筑了此后翻译研究的语言学派的基本框架，为当代翻译研究的各种语言学方法奠定了基础。索绪尔的语言哲学思想为翻译理论研究开辟了新的研究途径，西方翻译学者开始从科学的现代语言学视角来讨论翻译问题，充分运用语言理论来建立自己的翻译模式。翻译语言学派强调翻译过程中语言现象的研究与分析，着重从语音、词汇、句子、篇章等不同的语言结构层次出发来探讨翻译活动的普遍规律，此外，他们以“等值”为理论核心，认为语言和语言之间相互转换的等值方法是解决语言之间翻译问题的根本途径。

翻译研究的这一语言学转向是西方翻译理论发展史上出现的第一次质的突破和飞跃，因此在20世纪40年代到20世纪70年代初，翻译被纳入语言学范畴，被视为比较语言学、应用语言学和语义学的一个分支。语言学派在地域上分布较广，代表性学者也很多，下面介绍其中几位学者的观点。

（1）奈达的翻译理论

著名语言学家和翻译理论家尤金·奈达是公认的现代翻译理论的奠基人，也是语言学派最重要的代表人物之一从1945年开始，奈达共发表二百多篇文章，著述四十多部，其著述数量之多、质量水平之高、论述之详尽、系统之完备在西方翻译理论史上都是空前的。他的代表性专著有《翻译科学探索》《翻译理论与实践》《语言结构与翻译》《从一种语言到另一种语言》《语言与文化：翻译中的语境》等。

奈达第一个提出“翻译的科学”这一概念，是“翻译科学说”的倡导者，因此翻译语言学派也被称为翻译科学派。他在语言学研究的基础上，把信息论应用于翻译研究，认为翻译即交际，创立了翻译研究的交际学派。他还就翻译过程提出“分析”“转换”“重组”和“检验”的四步模式，此外，他从社会符号学出发，论述了语言符号的相互依存性及对比意义，把符号的意义分解为“当下”“分析”和“综合”三个层次，具有操作性。奈达最有影响力的贡献是提出了“动态对等”的翻译原则，进而从社会语言学和语言交际功能的观点出发，提出“功能对等”的翻译原则。“功能对等”是奈达翻译理论的核心思想，在西方翻译理论发展史上占据了重要的地位。

理论与实践的相互结合确立了奈达的学术地位。尽管如此，奈达的“动态对等”“原则乃至”“功能对等”原则都过于注重内容而忽视形式，有一定的局限性。如果应用于文学翻译，有可能导致风格的失落和文学性的削弱。

（2）卡特福德的翻译理论

卡特福德在 1965 年发表的《翻译的语言学理论》一书中探讨了翻译的定义和基本类型、翻译等值、形式对应、意义和完全翻译、转移、翻译等值的条件、语法翻译和词汇翻译、翻译转换或翻译转位、翻译中的语言变体以及可译限度等内容，从现代语言学视角诠释翻译问题，是翻译理论史上的划时代著作，在世界翻译学界产生了很大影响。

在此基础上，他试图通过对源语和目的语系统的比较和描述来建立文本类型的样板。彼得·纽马克（Peter Newmark）勤于著述，他的代表作有《翻译教程》《关于翻译》《翻译散论》等。

2. 功能学派

德国的功能翻译理论产生于 20 世纪 70 年代到 20 世纪 80 年代，当时结构主义语言学对德国译学界的影响越来越大，导致翻译成为语言学的附属品，严重制约了翻译这一学科的发展。理论与实践的严重脱节促使一些学者寻找新的途径，功能学派应运而生。

功能学派翻译理论认为，要想解决翻译研究中的所有问题，不能完全依靠纯语言学理论。因此，他们针对翻译语言学派中的薄弱环节，广泛借鉴交际理论、行为理论、信息论、语篇语言学，并接受美学的思想，将研究的视角从源语文本转向目标文本，成为当代德国翻译界影响最大、最活跃的学派。

功能学派翻译理论推翻了原文的权威地位，帮助译者摆脱了传统的对等、转换等语言学翻译方法的羁绊，转而运用功能和交际方法来分析、研究翻译，在翻译理论史上有着重要的意义它的诞生标志着流行于20世纪50年代至20世纪70年代的结构主义语言学统治地位的结束。下面介绍功能学派中具有代表性的学者的翻译理论。

（1）莱斯

凯瑟琳那·莱斯（Katharina Reiss）毕业于海德堡大学翻译学院，长期在高校从事翻译教学研究工作，是德国翻译功能学派早期重要的创建者之一，也是汉斯·费米尔（Hans Vermeer）老师。

莱斯早期的理论研究主要围绕对等概念展开。她认为，翻译追求的对等应该是语篇层面的对等，并非词、句的对等，所以主张将翻译策略和语言功能、语篇类型及文章体裁结合起来考察。但到了后期，在自身翻译实践的启发下，她认识到在翻译实践中不可能实现真正的对等，于是逐渐将研究的目光转向翻译的功能，并和弗米尔一起成为翻译研究功能论的倡导者。莱斯于1971年出版《翻译批评的可能性与限制》一书。在这本书中，莱斯首次把功能范畴引入翻译批评，将语言功能、语篇类型和翻译策略相联系，发展了以原文与译文功能关系为基础的翻译批评模式，从而提出了功能派理论思想的雏形。目前，翻译理论界普遍认为《翻译批评的可能性与限制》一书标志着功能学派的创立。

莱斯借鉴卡尔·比勒（Carl Biller）对语言功能的三分法，将语篇分为重内容文本、重形式文本和重感染文本三个类型。在安德鲁·切斯特曼（Andrew Chesterman）的德文版本里，她将这三个类型分别称为“信息文本”“表情文本”和“感染文本”一些翻译理论书籍将这三个类型概括为信息型、表达型和操作型。莱斯认为，不同的文本类型决定不同的翻译方法。每一种语言功能都有一个相对应的语言层面，逻辑功能对应信息层面，审美功能对应表情层面，对话功能对应操作层面。能否传达原文的主导功能是评判译文的重要因素。另外，她认为目标文本的形态应该先由目标语境中所要求的功能和目的决定，功能随接受者的不同而改变。

莱斯的功能类型及其翻译方法超越了字、词、句的层面，力图再造适当的功能效果，以达到交际目的。除此之外，这种分类将文本概念、翻译类型、翻译目的联系在一起，强调任何一种翻译类型都是在特定环境中为特定的翻译目的服务。这些观点为功能翻译理论的形成奠定了坚实的理论基础。但是，莱斯的理论由于自身的局限性受到不少学者的质疑。如语言的功能是否只有三种，不同类型文本之间的界限是否如其所言那样分明，仅凭语篇类型来决定翻译的策略是否可行等。也就是说，莱斯对文本类型的划分只在译文要实现的功能和原文功能对等的时候才有意义。正因为如此，莱斯的功能对等论不被视为常规标准，而只被当作特殊标准。

（2）弗米尔

弗米尔长期从事翻译教学研究工作，是杰出的语言学家。他在莱斯的指导下研究语言学和翻译理论，突破了莱斯的理论局限，创立了目的论。

作为一名有长期翻译实践经验的译者，弗米尔认为翻译不但是语言符号的转换，而且是一项非言语行为。翻译符号的使用是为了达到一定目的，且会涉及不同的跨文化模式。因此，弗米尔在现代语言学（实用语言学、语言行为论、话语语言学）和美学的启发和影响下，在与莱斯合著的《普通翻译理论原理》一书中提出了以翻译“目的论”为主的基本理论。目的论影响深远，功能学派因此也被称为“目的学派”。目的论坚持两个原则分别是目的原则、连贯原则和忠实原则。

①目的原则将行为理论引入翻译理论中，认为翻译行为所要达到的目的决定了翻译所应采取的方法、策略。

②连贯原则具体指语篇内连贯，即译文必须符合逻辑，符合译入语的表达习惯，能够让译文读者理解，并在目的语文化以及使用译文的交际环境中有意义。

③忠实原则具体指语篇间连贯，即译文不违背原文，译文和原文存在某种联系，并不要求译文和原文在内容上一字不差。目的论所要求的忠实，其程度和形式是由译文的目的和译者对原文的理解来决定的。

在上述 3 个原则中，语篇间连贯从属于语篇内连贯，而二者同时受目的原则的统领。也就是说，当目的原则要求语篇间或者语篇内不连贯时，二者都将失去作用，目的论的出现标志着翻译的研究角度由以语言学和形式翻译理论为主转向更加倾向于功能化和社会、文化方向，因而成为功能主义翻译理论最核心的理论。

（五）西方女性主义翻译理论

始于20世纪60年代的西方第二次妇女运动高潮促使女性主义者将视野投向文本。她们以解构主义的理论为武器，希望通过解构传统的男性中心主义话语，建立全新的男女平等关系。20世纪80年代，翻译研究开始了轰轰烈烈的“文化转向”大潮，许多传统观念都受到挑战或解构，被压抑已久的各种力量纷纷揭竿而起，以期能重塑自己的文化身份。在这样的大背景下，形成女性主义翻译理论。

女性主义翻译理论探讨了女性主义与翻译的历史渊源、对翻译的影响及作用，颠覆了传统译论中原文与译文的主仆关系，在一定程度上改变了传统译论关于译文要忠实于原文的观点，给翻译研究带来全新的启迪。女性主义翻译理论的主要代表人物有雪莉·西蒙（Sherry Simon）、钱伯伦、冯·弗罗托（Von Froto）等。

1. 西蒙

西蒙是著名翻译理论家、文化专家，是当代女性主义翻译理论最有影响力的声音。《翻译的性别：文化认同和政治交流》主要探讨作为政治与文学运动的女性主义对翻译理论和实践的影响，是西蒙重要的译学理论专著之一，是西方第一本全面论述女性主义视角下的翻译问题的学术性专著，也是女性主义翻译理念最广为阅读的著作。西蒙摒弃了传统的翻译理念，认为翻译不是简单机械的语言转换，而是无限的文本链与话语链中的意义的不断延伸。此外，西蒙从建构主义的观点出发，指出翻译的衍生性和女性的从属性、在历史上的低下地位都是一种建构性别像其他文化身份一样，是身份与经验的构成因素，是由社会意识和话语建构的西蒙通过系统考察西方尤其是加拿大女性作家和女性译者的话语实践，为女性主义翻译理论奠定了坚实的基础。

2. 钱伯伦

钱伯伦是美国翻译家和女性主义翻译理论家，曾在《当代文学》《国际小说》《符号》发表过论文。其发表于《符号》的文章《性别和翻译的隐喻》是女性翻译研究的经典代表作在《性别和翻译的隐喻》中，钱伯伦通过梳理西方翻译史上17世纪到20世纪关于翻译的性别化隐喻，深入探究这些隐喻中所隐含的性别政治。钱伯伦指出：“尽管我们所看到的翻译的隐喻试图给翻译的次等地位披上一件阳性语言的外衣，但是西方文化却极力强化这种次等地位，坚持赋予翻译女性化的地位。”因此，对长期流传于西方的男女之间的等级关系、文本的等级关系以及这种带有歧视性的隐喻必须予以消解这样，我们才能真正理解翻译，承认女性的平等地位。

钱伯伦通过后结构主义理论的运用，解构了原文和译文、男性和女性的边界，提高了女性译者的政治文化地位和女性译者的主体地位，对翻译理论界产生了一定的影响。

3. 弗罗托

弗罗托是加拿大著名的女性主义翻译理论家，她的性别研究渗透到学术研究与文艺翻译的各个方面。她对女性文化的深入研究深刻地影响了她的翻译实践、翻译理论与翻译批评观点，使翻译成为探索性别与文化相互作用的重要领域。

弗罗托在翻译研究领域的探索可谓硕果累累，1997 年出版的翻译理论专著《翻译与性别》是继西蒙《翻译中的性别》之后女性主义视角下的又一力作，该书将翻译置于女权运动及这场运动对“父权”语言的批判背景中，聚焦翻译对父权社会中作品的重视，阐述了女性实验性作品的翻译实践。

弗罗托的女性主义翻译理论充分吸收了当代各种理论思潮，并以此来建构自己的译论同时，她采用实证的研究方法，从北美女性作家着手收集了大量素材，从翻译技术角度进行微观分析弗罗托认真分析了女性主义翻译理论存在的问题和面临的挑战，并清醒地认识到女性只是为女性翻译提供一个起点，性别的语言在不同语境中可能有不同的含义，因此需要采用不同的、动态的翻译策略来翻译女性的语言和文化，弗罗托的研究对西方整个女性主义翻译理论和实践产生了极其深远的影响。

第四节　翻译的基本问题

一、直译与意译

直译与意译的问题一直是一个争论不休的问题。在有些情况下，直译和意译不构成翻译问题。如“I like the movie”译成“我喜欢这个电影”就没有直译和意译之争，因为直译和意译完全是一回事。但由于英汉语言间差异非常大，译者往往会面临两种选择，即一个句子可以直译，也可以意译。在这种情况下，到底采取直译法还是意译法就会引起人们的争论。当然，不同的人在用这两个概念时所指可能会十分不同，有些人认为逐字翻译为直译，但大部分人都认为直译并不一定要到“逐字”翻译的地步。一般来说，比较遵照原文语言结构的译法就是直译，而脱离原文语言结构的束缚，只译意思的译法可称为“意译”。逐字翻译、直译、意译和解释翻译之间并没有十分清楚的界限，但用直译和意译这两个概念来讨论翻译还是很有用的。

直译的缺点显而易见，它常使译文读起来吃力，所以大多数人都主张不把直译作为翻译的主要方法，只是在一些特殊的文本中酌情使用直译。但也有人给予直译更高的地位，如翻译理论家纽马克就认为自己颇认同直译这个概念。他的观点是基于自己在印欧语言之间翻译的实践，并不一定适用于英汉翻译在英汉翻译领域，尽管直译应该有其一席之地，但广为大众接受的译文很少是以直译为主要方法的。

意译虽然被大多数译者采用，但有时也会带来一些问题意译超出了限度就会扭曲原文的意思，把原文没有的意思加到译文中。一般来说，如果原文的意义不是通过语言形式表达的，那么意译不会丧失意义如果原文的意义有一部分是通过语言形式本身表达的，则意译往往会抹掉那些由形式附带的意义。上述说法在理论上是正确的，但在英汉翻译实践中可能行不通，如有些文学作品中的意义是通过语言方式表达的，本该用直译法表达才可反映出语言形式所载的意义英汉语言差别很大，照原文搬过来的译法在印欧语言间也许可以接受，但在英汉翻译时，汉语不能接受这类表达法。因此，有些中国学者主张在翻译文学作品时多用意译。刘宓庆将诗歌之类的文学作品放到不求字面对应，但求保证可读性一类，认为有时必须完全意译方能达意。这种主张与西方理论家们将文学作品列入表情类，应采用直译的理论似略有不同。其实，文学作品也不能一概而论，有些作品适合多用直译，有些则适合多用意译，要因文本而定。

英汉翻译中有些句子显然应该用直译，有些则只能用意译，对这些显而易见的情况，译界往往没有争议，直译和意译确实常常交替使用，相互可以取长补短。翻译实践中还常会遇到一些既可直译也可意译的情况，这时到底取直译，还是取意译就会成为一个问题。如“A man may usually he known by the books he reads as well as by the company he keeps; for there is a companionship of books as well as of men.”这句话有人采用比较直接的译法译成：“人往往可以从一个人所交往的朋友以及所阅读的书去猜他的为人。这是因为人与人之间有友谊，同样，人与书之间也有书谊。”但有的译法意译成分更多，如：“所谓欲知其人，先观其友，猜一个人读什么书也能了解一个人，因人不仅能与人为友，还能与书为友。”上面两句虽然都有些值得进一步推敲的地方，但都是中文读者可以接受的这就引出了一个问题，如果两种方法都可以，到底用哪一种？回答这个问题必须从更大的范围着手，孤立地谈直译和意译实际上没有多大价值一个句子到底应直译还是意译，往往要考虑到文本、读者甚至翻译目的等因素，没有一个一成不变的定理。北京大学辜正坤教授在讨论文学翻译时，对直译和意译有一段十分精彩的论述，概括得很全面：“直译、意译各有千秋，译者依据功能、审美、读者层三要素，宜直译就直译，宜意译就意译，能神游于规矩之内，亦能神游于规矩之外，能循规蹈矩，亦能叛道离经，方称得上翻译的行家里手。”①

但有一点应该牢记，当今英汉翻译活动的主体并非文学翻译。在经济、科学、新闻、政论等文本中，语言形式不是关键的因素，译文就应尽量保持译入语的特色。在英汉翻译中发挥中文的优势始终是译者要努力的方向。这一点在当今全球化的大背景下尤为重要。因此，假如直译法有悖汉语行文习惯，造成翻译腔，译者就应该采用意译法。换句话说，在大多数情况下，略偏重意译仍然是应该提倡的。不过，对于较正式的文本，如政、经、法方面的文件等，不过度偏离原文的译法仍然会频繁使用。

二、功能对等与形式对应

这一对概念实际上早有人提出，由奈达加以完善，成为翻译理论研究中一对很重要的概念。所谓功能对等，是指译文要在语言的功能上和原文对等，而不是在语言的形式上和原文对应。形式的对应是机械的，表面上看和原文一样，但由于语言系统不同，相同的语言形式并不一定能起到相同的效果。如“He is the last person I will ask for help.”可以译成“他是我会要求帮助的最后一个人”，以求形式上与原文对应。但本句的实际意思是“我是不会求他的。”后面的译法在语言形式上完全和原文不同，却在语言的功能上和原句对等。又如美国的中学

① 辜正坤．译学津原[M]．郑州：文心出版社，2005．

生常会和家长说："Tomorrow is a minimum day, could you pick me up at noon？" 其中，minimum day 如果译成"最小日"，是保留了原文语言的形式，但谁都看不懂是什么意思。所以，译者应求得本句在汉语中功能的对等，而放弃形式对应，可译为："明天只上半天课，提前放学，能在中午就来接我吗？"

根据奈达的理论，功能对等是以读者的心理反应为基础的，也就是说，原文读者读原文的心理反应和译文读者读译文的心理反应相似功能对等理论有很多优点，最主要的是有利于信息的交流。用功能对等法译出的句子符合译入语行文的习惯，没有翻译腔，一看就懂但反对功能对等的人则说，功能对等太灵活，会漏掉或歪曲原文中的信息。

虽然功能对等和意译、形式对应和直译在概念上不同，但它们实际上从不同的概念出发，殊途同归，引出了跨语言交流中的问题。

三、原文形式与内容

内容和形式之争是文学批评领域的主要焦点，在跨语言交流中显得更加突出。大部分情况下，原文语言形式不是译者要传译的，英汉两种语言在语言形式上截然不同，所以在翻译上不必去反映原文的形式，只要将原文的内容译出来就可以。但作家的艺术特征是由语言形式来反映的，形式就变得很重要了。这种情况下，有必要在反映内容的同时照顾到语言的形式。

我们有必要记住，在翻译过程中译者面临的最大的障碍毕竟是来自原文的语言形式，过于强调形式的译法往往会使译文缺乏可读性。所以，尽管在个别情况下有必要在译文中反映原文中有特殊意义的形式，但翻译过程中总的策略应该是偏重内容。

四、源语与译入语

前面几对概念主要和言语行为有关。源语和译入语这对概念则还涉及语言体系。有人主张译文应靠近原文，因为语言反映文化，原文中的语言特色即使不是作者风格的体现，也有必要在译文中表现出来，因为原文的语言特色反映了原文所在文化的特色，译者有必要将这种特色介绍过来。他们还认为，过多地为读者着想会"宠"坏读者，应该相信译文读者有解读原文语言形式的能力，靠近原文的译法把读者拉到原语中，使读者能“身临其境”地欣赏外国作品，是文化交流的重要内容。

这种说法实际上是让翻译承受过多的责任。语言形式不应该拿来当作文化介绍的工具。除了为某一特殊目的，如用靠近源语的译法翻译以反映原文表达的文化特点，以供学术研究所用，大多数情况下，译者翻译的任务还是以传达信息为主介绍源语文化不应该以牺牲译入语表达习惯为代价，因为靠近源语的译法总是会生成很多不符合译入语习惯的句子，真正想通过语言了解外国文化，有必要鼓励读者学外语、读原文，因此翻译的基本方法应该主要是向译入语靠拢，尽量发挥译入语的优势。

五、原作者与读者的中心问题

这对概念从不同的角度讨论上面谈到的相同的问题如果译文以原作者为中心，则可能反映出原文的一些行文特色；如果译文以读者为中心，则可能发挥译入语的优势。原则上讲，不应以原作者为中心，但这也要看原作者是否重要，一个会议记录的作者和一个获奖文学作品的作者就不能说同样重要大部分文本的作者都应该“隐藏”在文本背后，不应该在文本中暴露出来。一篇电脑软件使用说明、一个法律条文、一则食品广告等都不会呈现原作者的“影子”。也就是说，读这些文本后，读者看不出作者为何人但有些文本则可能“文如其人”。一读作品，读者马上就会感到与众不同，遣词造句、布局谋篇都有原作者留下的痕迹。因此，一般认为，如果文如其人，译者除了翻译原文的内容外，也有必要使译文能文如其人。大部分西方翻译家都认为在译文中保留原文的语言形式是使译文文如其人的方法但也有人认为，相对等的语言形式在译文中不一定起到同样的效果，主张用符合译入语的相似的语言形式来达到文如其人的效果。如果这样做不到，也就只好把它归入翻译的不可译性。我们并不绝对排除有时以原作者为中心会是译者所应采取的方法，但这种译法所占的比例是相当小的。翻译的总原则是以读者为中心，这一点在英汉翻译中尤为突出。

六、原作者写作与译者翻译的联系

人们动笔写作一般都有目的，无论是原作者还是译者总是为了某一目的而动笔。在大多数情况下，原作者的目的和译者的目的基本一致。用英文写一个电脑操作过程的人是为了让顾客了解如何操作电脑，翻译这个操作过程的译者也是为了让不懂原文的顾客了解如何操作电脑，所以原作者和译者目的相同，都是要将信息准确地传达给读者。一则服装广告的作者希望用广告影响顾客的行为，让其看了广告后会花钱买产品。一个译者翻译同一则广告的目的也是影响顾客，促进消费。一份经济合同的作者希望合同能成为某项经济活动的基础，翻译这个合同的人也希望不懂原文的人能看懂原文的内容，以便使合同中的经济活动可以展开。一则交通广告的作者希望用广告将有关交通的信息告诉大众，同一则广告的译者也有相同的目的。因此，大部分翻译工作的目的和原文写作的目的相同，这些文本有一个特性，即都是为一个非常实用的目的而写，翻译的目的也十分实用。但不是所有翻译的目的都和原作目的相同。诗人写一首诗可能是为了表达自己的情感。译者将诗直译成中文，以便进行英汉语言对比，译者的目的就和原作者不一样。例如，戴高乐在第二次世界大战时的一些讲话有鼓舞士气的目的，半个世纪后，戴高乐的讲话已成历史文件，翻译后的这些讲话就不是戴高乐原来的目的。

这就引出不同目的、不同读者和不同译文的问题。一首英文诗可以译成五言诗，供喜爱唐诗的人欣赏；也可以译成词曲，供喜爱词曲的人欣赏；更可以译成现代诗，供喜欢白话诗的人欣赏译者服务对象不同、目的不同，译文也可以迥异。

也有人不同意上面的看法，认为原作只有一个，译文也应该是一个，不应该千面千腔，最终在译文中找不到原作的影子。然而，翻译毕竟有其局限性，很多文化内涵强的作品一旦完成，就很难恢复其原貌，因为时过境迁，作品依旧，但作品存在的环境变化了。同一语言文化已如此，何况跨语言文化的翻译。因此，翻译文化内涵强的作品从来都有侧重，因为译者服务的对象不同，翻译的目的不同。

分析了这几对概念之后，我们对“原文的意思在译文中表达出来”就有了理性的认识。这些概念从不同的角度切入，讨论翻译的核心问题。虽然角度不同，但都落实到同一个焦点上，即如何将原文的意思在译文中表达出来了解了这些基本概念后，我们就会更清楚地认识那些五花八门的翻译标准和原则。这些标准和原则是不同的人从不同的角度，在不同的时空里，对同一问题的解决之道。它们一方面反映了标准设立者在翻译研究上的聪明才智，另一方面反映了他们在翻译研究中左右为难的境遇，因为翻译本身就是一件令人左右为难的事。

不同的人有不同的理论，依照有些理论从事翻译实践，译出来的文章有原文的影子；但依照另一些理论从事翻译实践，译出来的文章完全像译入语。原文的影子在译文中可浓，可淡，可无。有人主张在译文中保留一些“异国情调”，有人则主张用地道的译入语。这之间如何把握、如何拿捏，不仅在理论上有着重要的概念，而且在实践中也需要倾注大量的精力去研究。

第二章　文化与跨文化交际概述

翻译是两种语言的转换，语言是文化的载体，因而英语翻译本就是一种跨文化交际活动。本章主题为文化与跨文化交际概述，分别阐述了文化的内涵与渊源、跨文化交际概述、中英语言、思维、文化对比。

第一节　文化的内涵与渊源

一、文化的定义

culture（文化）一词来源于拉丁文 cultura，原指耕作、培育、栽培，之后逐渐演变为指人的素质和能力的培养与教化。近代，最先将 culture 一词翻译成“文化”的是日本人。因此，有人猜想，汉语中的“文化”一词其实并非中国古籍中所说的与武功相对而言的含义，而是借用日语中对英文单词 culture 的意译文。然而，这一说法目前尚未被证实。

《牛津简明词典》认为，文化是“艺术或其他人类共同的智慧结晶”。该定义是从智力产物的角度阐释文化内涵的，即深度文化，如文学、艺术、政治等。

《美国传统词典》指出：“人类文化是通过社会传导的行为方式、艺术、信仰、风俗以及人类工作和思想的所有其他产物的整体。”该定义拓宽了文化的包含范围，既包括深层次文化，又包括浅层次文化，如风俗、传统、行为、习惯等。此外，英国人类学家爱德华·泰勒（Edward Tylor）在《原始文化》中指出：“文化是一个复杂的综合体，包括知识、艺术、宗教、神话、法律、风俗，以及人类在社会活动里所习得的一切才能与习惯。”很多学者认为，这一定义忽略了文化在物质方面的要素。也有一些学者认为，虽然泰勒的定义中没有专门体现物质文化，但实际上他在《原始文化》中使用了很多物质文化的例子来解释他的理论观点。

美国学者阿尔弗雷德·路易斯·克鲁伯（Alfred Louis Kroeber）与克莱德·克拉克洪（Clyde Kluckhohn）在二人合著的《文化：关于概念和定义的评述》中总结出了 164 条文化的定义。他们在总结这些定义的基础上，也提出了自己对文化的定义，即文化存在于各种内隐和外显的模式之中，借助符号的运用得以学习与传播，并构成人类群体的特殊成就，这些成就包括他们制造物品的各种具体式样。文化的基本要素是传统思想观念和价值，其中尤以价值最为重要。该定义几乎涵盖人类生活的各个方面。文化能够指导人们对待其他事物的态度和行为，以至于克莱德·克拉克洪认为文化是人们行为的蓝图。

在中国，古老的甲骨文中就已经出现了“文化”一词的含义。当时的“文”的原意是花纹或纹理，如《礼记·乐记》中记载的“五色成文而不乱”，之后它的含义逐渐演变为包括语言文字在内的各种象征符号，并且逐步具象化，包含文物典籍、礼乐制度、文采装饰、人文修养等内容。“化”本义是指生成、造化，如《易·系辞下》的记载“男女构精，万物化生”，继而引申为变化、教化之义。“文”“化”两字最早同时出现于战国末期的《易·贲卦·象传》：“关乎天文，以察时变；观乎人文，以化成天下。”翻译为现代汉语是指：“治国者应该积极观察、洞悉并顺应大自然最根本的运行规律，来了解并正确运用时节运转中产生的必然变化的原理；研究人性变化发展的必然规律，施加意识教化的作用来统治管理天下。”《辞源》中对“文化”的释义为“文治和教化”。例如，西汉经学家、目录学家、文学家刘向《说苑·指武》中记载：“圣人之治天下也，先文德而后武力。凡武之兴，为不服也，文化不改，然后加诛。”意思是“明君治理天下，都会优先重视思想精神层面的教育，后考虑武力干涉。不愿臣服的地方，都要动用武力进行干预，思想教化没有改观的地方，要实行诛杀策略来彻底根除统治隐患”。再如，晋代束广微的《补亡诗·由仪》中记载：“文化内辑，武功外悠。”唐代李善注：“言以文化辑和于内，用武德加于外远也。”《现代汉语词典》指出：“文化指在人类社会历史发展过程中所创造的物质财富和精神财富的总和。”

广义的文化就是所谓的“大文化”，它更注重区分人类活动与自然界的核心本质，包含人类有意识地作用于自然界和人类社会的一切活动及产生的结果。也可以说，文化就是“人造自然”，是人类通过发挥自身主观能动性，把自己的智慧、创造性、感情等人类因素作用于自然界，从而将自然转化为人类所能认知、理解和在一定程度上进行掌控的可利用对象。人造自然的出现意味着人类已经进入尝试凌驾于自然之上，并超越自然、改造自然的历史阶段。所以，文化可以被看作人类的一种特有的生活方式和行为习惯。也可以说，人类社会的一切活动在本质上都是具有文化的属性的。概括而言，文化就是人类在社会活动中认识自然、改造自然并利用自然，进而实现自身价值观念的一切物质和精神的积累。例如，教育方式、风俗习惯、思维方式、价值观念等。而与此相对，狭义文化的范围明显缩小，它是专指人类活动中在精神方面进行的创造过程和产生的相应成果，如道德、风俗和礼仪等。

二、中西方文化的渊源

（一）中国文化的渊源

中国的传统文化根植于农村，发祥于黄河流域的农业大地。中华民族享受着大自然的恩赐，人们可以在其固定居住地附近从事相关的农耕活动，在历史的不断变迁中最终形成以农耕为特色的文化风俗体系。中国农耕文化集合了儒家文化和其他宗教文化，有其独特的文化内容和特点，主要包括语言艺术、思想哲学、社会风俗、利益规范等。

在历史的作用下，中国人形成“重人伦、轻器物”的崇拜和屈从于权贵的人治思想，以“道德为本位”的反功利主义的价值取向，“重综合，轻分析”的宏观处事原则，“重意会，轻言传”的谦虚和隐讳原则，“崇尚群体意识，强调同一性”的依附于集体合作的团队精神，“追求人与自然的和谐统一”的对立互补原则等。

中国传统的三大教派包括儒教、佛教、道教，它们对中国文化的形成与发展产生了巨大影响，是中国文化的主要渊源。

总的来说，中国文化在发展中形成独具特色的价值观，表现为以“仁爱、礼谦、顺从”为核心的道德价值体系，其特点可以总结如下。

一是天人合一，顺天应物。中国文化提倡人与自然是和谐存在的一个整体，且自然界中存在的很多不能解释的现象均是天意，人凡事都应顺从天意。

二是贵和尚中。中国人倡导“君子和而不同”的理念，追求中庸之道的处世原则和策略。

三是家族伦理本位。中国人的家族意识很强，维护整个家族的利益是每个家族个体应追求的目标，同时家族个体也应受制于家族制度和规约。

在中国，人们特别看重言论的力量，提倡在交际中运用含蓄、隐讳的表达方式，这也是中国人文文化的一大特色。此外，人们还特别关注权威人士的言论与看法，经常引经据典、旁征博引。

（二）西方文化的渊源

西方文化属于科学文化，其特点是重物质，轻人伦；价值取向以功利为本位；重分析，轻综合；重概念，忌笼统；强调人权，主张个人至上，重视特殊的辨识；强调人与自然的对立，人对自然的索取。

西方文化源于两希文化，即希伯来文化与希腊罗马文化，同时基督文化也对西方人的道德观念和价值取向产生了一定的影响。

1. 希伯来文化

五千多年前，希伯来民族居住在阿拉伯半岛，人们以牧牛和牧羊为生。随后，希伯来人北迁，到达两河流域，并逐渐发展了苏美尔文化和古巴比伦文化。大概过了一千年以后，希伯来人逐渐离开了两河流域，向北或向西迁移和发展。“希伯来”的字面意思是“从大河那边来的人”。希伯来人在长期的游牧生活中形成较强的感知世界的能力。他们善于将事物与其功能联系在一起，所以希伯来文化可以用“实用、公正、道德”来概括。

2. 希腊罗马文化

欧洲大陆的文化起源于古希腊罗马时期。古希腊位于欧洲大陆的东南部，古罗马位于南部，由于平原较少，多山少河，不适合农业的发展，这就使当地人不得不向外开拓经济，发展工商业和海上贸易。在古代，海上贸易面临的最大的一个难题就是安全，人们不得不冒很大的风险从事贸易活动，这种不利的地理因素造就了西方人勇于探险、喜欢尝试新鲜事物、善于创新的性格特点。可以说，古希腊人的这种以海商为主的生存方式使他们形成“平等”“民主”和崇尚个人主义的思想意识。古希腊文学、哲学、艺术等都表现了古希腊人对宇宙、自然与人生的理解与思考。随着希腊文明的逐渐衰落，罗马文化在继承希腊文明的基础上得以发展。

第二节　跨文化交际概述

一、跨文化交际的定义

随着人们对跨文化交际研究的深入，给跨文化交际所下的定义也各有侧重，主要是从社会学和文化学的角度来定义的，如跨文化交际是指文化观念和符号系统迥异的人们之间的交际。(Intercultural communication is communication between people whose cultural perceptions and symbol systems are distinct enough to alter the communication event.)

跨文化交际是来自不同文化背景的两个或两个以上的人之间的思想、信息等的交流。(Intercultural Communication is the exchange of ideas information, between two or more persons from different cultural backgrounds.)

跨文化交际是拥有不同文化背景的人们对事物含义通过符号来创设、解读的过程，需要人们之间的互动与沟通。在巨大的文化差异面前，人们往往会改变对符号定义的解释来满足不同的文化想表达的内容。解释的差异性直接影响交际效度。跨文化交际的效果受到一些因素的影响，如交际环境、符号运用的恰当性和有效性、认知程度以及交际动机或者目的。

首先，交际环境影响到交际者的跨文化交际能力，因为这种环境决定交际行为发生时交际者之间的关系以及交际状态。

其次，交际符号运用的恰当性和有效性影响或者限制交际者在一定交际场合下对符号所表示含义的解读，乃至交际的结果发生。

再次，认知程度决定交际者对交际对象的民族个性、生存环境、风俗习惯和行为规则等的了解程度。例如，在中国，时钟是很少被当作礼品来送人，因为“送钟”与“送终”同音，后者表示一个人生命的终结，因而以时钟作为礼品是中国人所忌讳。

最后，交际动机在一定程度上影响人们在交际过程中的情感表达、方式的选择等。

二、跨文化交际的本质属性

（一）有意识行为和无意识行为

除语言符号外的其他任何符号都可以被使用在交际过程中，其中行为符号等非语言符号被使用的频率更高一点。之所以使用行为符号的频率较高是因为取决于人们行为的意识有无，如脸红、微笑、点头、皱眉等都是人们在日常生活中不自觉做出来的动作，属于无意识行为，且这种行为在社会化过程中占所有行为的比例很高，还有站立、行走、手势、言语行为等都是人们在无意识的情况下学会的。在人们出现这些行为的同时，信息也会随之产生，如果这些信息被他人捕捉到，在客观上就出现了交际过程。有研究显示，人们的正常交际活动通常都使用无意识行为或较弱意识行为，但是一旦处于陌生的环境，人们就会产生自觉性，出现有意识行为。因此，人们的交际行为与他们所面对的人是否具有同样的文化背景有关。如果与自己交际的人拥有与自己相同的文化背景，那么交际的过程可能是无意识的；反之，则会出现有意识或者意识程度具有差异的行为。在跨文化交际过程中，拥有不同文化背景的人们之间往往会因为文化规范的不同而产生误解甚至失误，进而让对方对行为符号的意义作出消极反应，应当特别注意跨文化交际中出现的此种情况。

（二）编码过程和解码过程

交际本质上是一个编码过程和解码过程，在这个过程中会产生一系列心理活动，从而出现信息交流。编码过程指的是用言语、非言语行为以及书面语等符号把思想、感情、意识等编成“语”；解码过程指的是解释外界传递的符号信息或对其进行赋义。当交际双方使用的是同一种语言时，信息就能在双方之间形成同一或相近的语码系统供双方使用，从而产生有效的沟通。除了语码系统外，还有其他相关因素对交际双方的信息交流发挥着极大的作用。交际行为既有文化性又有社会性，因此受到社会上众多因素的影响与制约。

三、跨文化交际的原则

交际是人们之间的信息互动过程。在交际的过程中，双方对言语和行为交际方式的使用，对内涵的解读和对信息的反馈往往受到多种因素，如交际者的个人素养（包括年龄、性别、性格、教育、认知、人生观与价值观等）、社会环境（包括社会制度、生活环境、生产和生活方式、习俗等）、交际的时间和场合以及交际的态度和意图等的影响，致使交际有质量的高与低、效果的好与坏、结果的成与败。

要想成功地实现交际的目的，达到理想的交际效果，交际者不仅要了解交际双方的文化差异，选择恰当的言语和行为，而且必须遵守一定的交际原则。交际既然有文化圈内和文化圈外之分，那么交际的原则也有区别。对于圈内交际主要应该遵循交际的基本原则，也可以叫作微观交际原则。而对于圈外交际既要遵循交际的基本原则，还要遵循文化交际原则，也可以叫作宏观交际原则。

言行是一种交际的心理现象，往往能展现人们的交际心理过程。在交际过程中，必须做到言行得体，恰如其分。得体的言行，有助于实现交际的目的。反之，就会影响交际心理的展现，妨碍相互之间的交流。在交际过程中，首先要遵循的是交际的质量原则、礼貌原则、得体原则等基本交际原则。

（一）质量原则

所谓质量原则就是在交际过程中交际话语应该提供足够而又不致让人产生误解的信息量。质量原则包括质和量两部分，质的部分要求交际话语所提供的信息准确，而量的部分要求交际话语所提供的信息充分。交际是一个将信息在交际者之间不断进行传送和反馈的互动过程。如果达不到应有的质量原则要求，往往会导致交际中产生误解甚至交际失败。

（二）礼貌原则

交际过程中的举手投足或者是话语都会对交际产生实质性的效果影响。礼貌要求涵盖行为和语言两方面。

行为举止的礼貌要求在地域和民族乃至群族内部都普遍存在。例如，在中国，有“行如风，坐如钟，站如松”的体势礼仪要求；有“东家不请，西家不饮”的餐饮礼仪要求等。在日本，对坐姿要求男女有别，男性是盘腿而坐，而女性则是跪坐；在招待客人时，日本妇女都要跪着服务，且不能将屁股朝向客人；在欧美国家里，注重服饰与着装，如男士穿西服打领带，女士穿裙子或者礼服等。

交谈作为相互间心理沟通的过程，需要双方都以对方为交往对象而密切地协调与配合。在交际过程中，要耐心地倾听对方说话，并积极地作出各种反应，如专注的眼神、点头赞许或鼓励的手势等。即使不同意对方的观点，也应让人把话讲完，不要急于争论而打断对方的话语。

在交际过程中，有些行为往往被视作不礼貌的行为。如说话时用手指（食指）指点对方。在公交客车上，如果售票员在查点人数时用手指点数，会让乘客觉得不快。在一些旅游客车上，受过培训的导游就会避免用手指点来查点人数。

但是，不同地域和民族乃至群族之间的礼貌原则存在显著差别。例如，在中国，比画小孩的身高往往是以五指并拢，掌心向下的方式来表达的。而在南美的一些国家，则是以五指并拢，掌心向内的方式来表达的。中国人的表达方式被他们认为是比画动物的高矮的，掌心向下来比画小孩的身高则被看作是一种轻蔑的做法。

礼貌原则不仅可以体现在行为上，也可以体现在语言上。语言交往是人类社会交往中一种必不可少的基本形式。俗语“良言一句三冬暖，恶语伤人六月寒”就告诉人们语言对于人们交往所产生的影响。如在中国，对长者的称谓需要根据亲疏关系、辈分与年龄等因素来具体确定；对自己使用谦称，对对方使用尊称等。这些都是礼貌原则在语言中的体现。

（三）得体与适应原则

所谓得体是指交际中的言语和行为适得其所。由于交际的对象、目的和情境不同，因而存在交际的对应性，也就是说，交际中的言语和行为也要审时度势，因时、因地、因人而变以适应交际环境的变化。

从交际行为来说，既要入乡随俗，又要维护自己、国家和民族的尊严。

入乡随俗就是尊重或者遵从对方的习俗和规范。例如，在西方社会，宴会上人们主要是用高脚的“glass”喝红葡萄酒，倒酒时一般只倒 1/3 杯，且通常是一口干了。而在中国，人们常用陶瓷小酒杯喝烈性的白酒，倒酒时一般要倒 2/3 杯。喝茶水时，西方人习惯喝凉水，往往给客人倒半杯的量，等客人喝干再添。而中国人则习惯喝热茶，给客人倒茶时往往是 2/3 杯的量，等客人喝完一部分就马上添加。

在交往中，有些不怀好意的人故意设计圈套或者陷阱，用以侮辱对方，使对方的尊严受损。这时应该机智地奋起反击，以维护自己乃至国家和民族的尊严。

（四）机敏原则

机敏原则是指在交际中针对各种具体情况机智灵活地实施具有策略性的语言和行为，以回避正面应对某些问题，避免交际时尴尬局面的发生，或者维护个人的人格和国家、民族的尊严等。其实施往往是以交际者具有良好的应变能力和谋略为基本条件的。这种原则在日常交往和外交事务中的重要性显得尤为突出。

（五）尊重习俗的原则

文化结构和内容受多种因素的影响，其中不同的国家、民族，甚至不同的地区和社会群体都会有不同的文化结构和内容，从而产生特定的文化模式。除此之外，包括气候条件、地理条件、资源人口等在内的物质环境和包括科学技术发展、社会制度特点、外来文化等在内的社会环境，都对不同文化之间的习俗差异产生了不可忽视的影响。

第三节　中英语言、思维、文化对比

一、中英语言对比

（一）英汉语义的对比

何谓语义？语义是客观世界通过人类思维在语言中的反映。阿尔弗雷德·艾耶尔（Alfred Ayer）对语义的释义是："一个句子，对某个人来说，只有当他知道如何去验证该句子试图表达的命题时才会有实际语义。"[①] 语言学家露丝·肯普森（Ruth.M.Kempson）认为词的意义取决于它对句子意义的贡献，而句子的意义则取决于词和把词联结成句子的语法关系。由此可见，英语句子属于"语法"单位，能表达出完整的意义；英语语篇是"语义"单位，由句子构成，依赖词、句在句子中表达的情境。

① 李曼珏，林汝昌．语义学及其研究范畴[J]．外国语（上海外国语学院学报），1987（4）：77–80.

语义的差异性反映出文化在横向上和交际中产生的价值观念差异性。在不同的语境中，语言发挥着不同的作用，能反映出不同的情境，因此语言与情景相辅相成、密不可分。情景包括讲话者的情景和语篇内的情景，前者主要指讲话内容、参与者、讲话媒介等；后者主要指上下文。具体的情境语境是社会文化表达和传播的载体，制约着对意义系统的选择。即使是同一个词在不同的情境中也会表达出截然不同的意义。语篇是在情景语境的制约下通过对意义的选择生成的。

1. 联想意义的产生对语义的作用

词的文化联想是基于文化集团对事物的理解而产生的。在文化联想中，许多人可以思考一个文化集团中的事物特征、习性、神话、与文学艺术的关系、历史事件和相关的社会习俗。文化联想包括属性联想和习惯联想。

（1）属性联想

属性联想主要与客体属性有关，有些事物在不同的语言中有共同的联系，因为它们通常具有某些明显的特征。如汉语中的“狐狸”与英语中的“fox”都为人们提供了“狡猾”的联想。对于不同集团的客体来说，属性不同，随之产生的联想意义就不同。汉语中的“东风”预示着春天的到来，因此汉语中经常有赞美东风的文章句子；而英国由于受地理环境的影响，东风给其带来的是寒冷，西风给其带来的是温暖，因此英语中经常有赞美西风的诗篇，如珀西·雪莱（Percy Shelley）的《西风颂》。

（2）习惯联想

习惯联想的差异性主要体现在不同的语言中。如“13”这个数字在英语中就有不祥的征兆，据说在最后的晚餐中，叛徒犹大是第13个，耶稣遇害日是13号；而中国的“13”就没有这种含义。对于中国人来说，“乌鸦”是晦气的象征，因为曹操曾在赤壁之战前留下“月明星稀，乌鹊南飞。绕树三匝，何枝可依”的名句，随后战败，因此后人认为乌鸦会带来凶兆，由此对其产生了忌讳。再比如“垂柳、杨柳”在中国诗词中往往勾勒出诗情画意的情景，而英国的“willow”则无法让英国人产生这种联想，他们对“垂柳”的表达为“weeping willow”，将“下垂的、哭泣”与垂柳联想在一起，因此对垂柳并无喜爱之意。农业是中国文化的根源，与耕牛密不可分；而游牧是西方文化的根源，用马来耕地，因此汉语中的“吹牛”在英语中为“talk horse”。汉语中有很多与牛有关的词语，如“老黄牛”“牛脾气”“牛角尖”“对牛弹琴”。英语中带马的词语很多，像“work like a horse”（像牛一样地干活），“as strong as a horse”（力大如牛），“a willing horse”（认真工作的人），“hold one’s horses”（沉住气）等。

2. 语义差异与价值观念差异

语义的差异其实就是文化价值观念的差异。根据《韦氏大学词典》（第九版）的定义，individualism 是“主张个人正直与经济上的独立、强调个人主动性、行为与兴趣的理论，以及由这种理论指导的实践活动”。

在欧洲，个人主义的萌芽与中世纪的神权中心、封建关系中心形成鲜明的对比，这种对立在近代资本主义发展的历史进程中发挥了极为积极的促进作用。个人主义的核心就是自由平等。美国个人主义者的典型形象是那些在移民初期，手握长枪和斧头，勇敢地开拓未知领域的探险家。他们以锐意进取的精神，珍视个人权利，敢于漠视政府和法律的权威。在他们身上体现出强烈的个人主义倾向。在众多现代西方社群中，普遍认为追求个人自由和权利是实现个人价值的积极体现，而“个人主义”则被视为这一精神的概括，赋予了其积极的意义。

《现代汉语词典》（第 7 版）对“个人主义”的定义是：“只顾自己、不顾他人的极端个人主义，是与集体主义的道德原则相违背的”。中国社会主张个人服从集体，崇尚“大公无私”“破私立公”“毫不利己、专门利人”。在此文化环境下，“个人主义”被视为与“集体主义”相对的贬义词，与之相关的是“自私自利”“损人利己”“损公肥私”等被否定的概念和行为。该词的“情感意义”与“概念意义”“内涵意义”融为一体，形成一种综合性的概念表达。在一定程度上，这些被否定句都可以从这个词所蕴含的情感含义来理解。由此可知，接纳一种语言符号所蕴含的文化内蕴是不可忽视的。这一点也可以从接受美学理论得到证明。接受一种语言符号的形式，实质上是在接纳其所蕴含的情感内涵，其中可能包含褒贬之分，这一现象可以被视为文化对个体施加的一种“符号暴力”。

3. 语义演变与价值观念演变

从历史长河的角度来看，语义的演变与文化的演进息息相关。词汇的发展也受其制约。陈原先生在《语言与社会生活》一书中指出：“语言中最活跃的因素——词汇，常常最敏感地反映了社会生活和社会思想的变化”。“老板”一词在现代商业社会中被广泛使用，它不仅指一个人的身份、地位或能力，而且包含一种职业观念，即对这个行业或工作所具有的特殊感情。在汉语中，它曾因暗示着一种可能存在剥削的身份而被赋予贬义含义，但如今在经济大潮中，这个词已经成为人们十分羡慕的词汇。英语中“gay”一词本意为“欢乐的、愉快的”，现在演变为“同性恋”内涵。“boy scout”原意为“童子军”，现表示“幻想而不切实际的人”，带有贬义性。“patriotic”本是褒义词，但在美国，由于越南战争，它成了贬义词。这些词语内涵的改变都折射了社会生活的变迁，成了时代变迁的风向。

（二）英汉语音上的对比

英汉两种语言的音素都分为元音和辅音两大类，但存在以下差异；

1．英语语音

英语是语调语言。语调的单位一般是句群或小句，调核一般在语句的末尾。语调既具有语法作用，可以将陈述句、疑问句、反义疑问句分离开来，又具有特殊的表意作用和强大的表情功能。语调不一样就能表达出不同的语气和思想感情。

英语中单词不带声调而是带重音。重音经过有章可循的编排，是英语中一个重要的语音特征。双音节词、三音节词重音一般在第一音节，而四音节及更多的词重音则通常位于倒数第三音节上。单词的重音位置差异表明词类或词义存在差异；句子里重音位置的变化可以增强语气和强调对比意义。除了重音之外，还有轻音或是次重音。

2．汉语语音

汉语的语音，以普通话为发音标准。汉语音节一般由一个声母和一个韵母组成。普通话的音节有以下 5 个特点。

①每个音节都有声母、韵母和声调三个部分。

②声母有 22 个，其中 21 个是辅音声母，1 个是零声母。

③韵母有 38 个，其中 9 个是单韵母，13 个是复韵母，16 个是鼻韵母。

④韵母有韵头、韵腹和韵尾三个部分，其中韵腹是不可缺少的，可以做韵腹的有 9 个元音，就是 ɑ、o、e、i、u、u、−i（前）、−i（后），er；可以做韵头的有三个元音，就是 i、u 和 u；可以做韵尾的有两个元音 i、u（包括 o）和两个辅音 n 和 ng。

⑤汉语不是语调语言，而是声调语言。每个汉字都有四声：阴平、阳平、上

声、去声。声调是音节不可缺少的组成部分。汉字（或词）的声调不同，尽管声母韵母相同，意义也不相同。如餐（can）、残（can）、惨（can）、灿（can）。

（三）英汉语法的对比

语法是语言结构的法则，包括词的构成和变化规则以及组词成句构篇的规则。我们知道，语言是人们进行交际、思维的工具。同一个民族内由于年龄、性别、职业以及所处社会阶层等原因，人与人之间可能存在着差异，从而运用不同的语汇来表达思想，但是在语言的表达方式方面，人们却一致地接受和遵守着相同的规律。这些语言规则就是一个民族在漫长历史过程中所遵循的言语表达习惯和民族思维方式或者程序在语言中的体现，也是人们在漫长历史中进行思维抽象化后通过异常复杂的形成过程而得到的产物。对一个民族语言思维规律的研究，能从侧面窥见其心理特征和认知特点。从这个意义上说，语法反映一个民族的意识和语言个性。我们试图对比分析英汉语言的语法和构词方法，从一个侧面揭示英汉两个民族在思维与表达方面的某些文化特点。

英汉两种语言属于不同的语言类型，故有不同的形态结构模式。汉语属于分析型语言，没有形态变化，其语法关系主要靠词序和虚词表达。英语属于曲折型语言，靠词的形态变化表达语法意义，词序比汉语灵活，但相对固定；虚词很多，用得相当频繁。

语法意义的表达需要形态变化、次序和虚词的参与，这三种语法方式具有不同的特征来表达英汉两种语言。

1. 英语有形态变化，汉语没有严格意义的形态变化

形态变化也被叫作“词的形式变化”，主要包括构词形态和构形形态两方面。

（1）构词形态

构词的形态，指的是用于构词的词缀变化，其中包括大量的前缀和后缀。它们在构成新造词汇时是有规律可循的，而且与语素本身的语义特征有关。英语中的词缀种类繁多，数量众多，具有高度的灵活性和多义性，常常出现一缀多义的情况。这类词汇往往具有鲜明的特色、丰富的联想意义和广泛的修辞效果。

（2）构形形态

构形形态，即表达语法意义的词形变化。

中文：我给他一本书。

英文：I gave him a book.

中文：他已给我两本书。

英文：He has given me two books.

中文：他爸爸常常给他一些书。

英文：His father often gives him books.

在汉语中，“我”和“他”这两个词并没有经过形式上的改变，它们可以用来表示主格、宾格或所有格，不同词类之间在意义上有差异；“书”可表示单数或复数，其形式并未发生变化；“给”这一动词并未经历任何形式上的变化，它能够表达当前、过去或已经完成的行为，名词“给”和形容词“给”都是用在时间上前后不连续的词类。但英语对应的词“I/me”“he/him/his”“book/books”“gives/gave/has given”却有形式变化。

英语中，动词、助动词和情态动词常常融合在一起，运用它们的形态变化，以表达动词的时态、语态和语气。汉语并未经历此类变化，尽管时态、语态和语气有时可以借助一些半独立的词汇来表达，但它们通常隐含在句子或上下文中。

2. 英语词序比较灵活，汉语词序相对固定

词序的排列方式与形态的演变息息相关。形态特征是词汇语义发展过程中产生的一种自然现象，它能反映出人类社会历史的进程。语言的词序灵活性与其形态变化的程度成正比，即形态变化越多，词序就越灵活。英语中存在着大量的名词短语和动词性结构，它们之间没有明显的界线。英语的语法意义可以用某些特定的词或限定的词来表达，并在许多特定的情况下经常使用不同的形式。英语中，形态、词序和虚词这三种语法方式相互协调或交替运用，从而使得英语中的词语和从句位置比汉语相对比较灵活。

（1）英汉句子的倒装

汉语句子的主要构成成分，如主语、谓语动词、宾语或表语，其词序基本相同，一般为“主—动—宾（表）”。由于英汉两种语言中存在不同语体和表达方式，在某些情况下还存在着一些不完全一样的词序问题，这就给翻译带来了一定的困难。相较于汉语，英语中出现了更多的词序倒置现象。

这些倒置现象，部分源于语法上的规范要求，另一部分则源于修辞上的必要要求。汉语缺乏形态上的变化，其连接词使用频率较低或不使用，且词序相对稳定。因此汉语中有些句子的句法结构往往会发生变化，即在一定情况下可以采用一些特殊的方法来实现其表达效果。汉语语序的变化主要在于将宾语置于动词或主语之前，从而导致宾语的句法功能发生改变，如“她的文章写得出色”“他喝得过多”等。在这一过程中，由于句子结构上存在着某种联系而产生了语义关系的转换。英语有结构性倒装，也有功能性倒装；前者一般用于表达动作行为和状态的转换，而后者用来表示说话人对听话人话语意义的影响。在汉语中，倒装功能占据了主导地位。为了保持英语中词语之间的语法一致性，英语中的词语表现出一种独特的关系，这种关系可以与短语之间持续不断地组织起来。

（2）英汉句子的定语位置

汉语中定语通常位于名词之前，英语中定语很多时候可通过形态变化或者借助于连接词放在名词之前和之后，其位置更加灵活多变。

（3）英汉句子的逻辑思维

英语通常用含有大量修饰成分的复合句或者长句或者从句来表达，句子的各个部分次序更加灵活。汉语在表达相同含义时主要是借助词序与虚词来实现的，常用短语、分句、流水句等，按一定时间与逻辑顺序有先后、主次之分，层层叙写。在这些英汉句子中，语序往往是不一致的，甚至是截然对立的。一般而言，句子中如果有叙事部分与表态部分的话，英语中往往表态部分（判断、结论等）居前，叙事部分（事实、描写等）居后，或者先谈结果再追叙往事；汉语中的次序则往往正好相反。句子中如果出现长短部分时，英语常表现为先短后长的特点，也就是头轻脚重。汉语的排序通常与此相反，汉语在时间顺序及逻辑关系上通常按从前到后、从因到果、从假设到推论、从事实到结论等顺序排列。英语在形态变化及丰富连接词语的帮助下，可依据句子含义及结构需要进行灵活安排，其排序常有别于汉语。

3. 英汉都有大量的虚词，但各有特点

英语的虚词，也称“结构词”或“功能词”，包括冠词、介词，助动词、并列连接词和从属连接词等。汉语的虚词包括副词、介词、助词和连词等。英汉虚词都是与实词相对而言的，在句中主要起辅助和连接等作用。英汉虚词各有特色，不仅种类不同，而且用法不同。

（1）英语有冠词，汉语无冠词

英语最突出的特点就是常用冠词、不定冠词等，汉语则无冠词，在英译汉可略去。有时候相差一个冠词，句子含义千差万别，此时汉语就得使用不同的词来表示。

（2）汉语有丰富的助词

汉语中的助词较为丰富，而这也成为汉语的突出特点。常见的助词有了、着等动态助词，还有的、地、得等结构助词，以及吗、吧、啊等语气助词。这些丰富多样的助词能够表现出语气上的不同，起到了英语中的形态变化作用。

（3）英语常用介词，汉语少用介词

英语介词不仅能在句子中单独使用，而且可以与其他单词组合为成语介词以及合成介词，构成多种形式在英语中被广泛使用。汉语介词就不像英语介词一样使用频率较高，其实从严格意义上来说，现代汉语中是没有介词的，而是从动词演化而来的介词。

（4）英语常用连接词，汉语少用连接词

英语常用的连接词种类繁多、使用广泛且频繁，比如并联连接词、从属连接词，以及与汉语较为相似的连接词等。还有一些英语连接词在句子中使用得相当频繁，包括连接代词、连接副词、关系代词、关系副词等，如 who、whom、whose、that、what、which、when、where、why、how。汉语中的连接词一般与副词搭配使用，如只有……才、如果……就、即使……也等。既能发挥副词的修饰作用，又能发挥上下语句的关联作用，且才、就、也等副词还可以单独用来关联上下句。

（四）英汉词汇的对比

1. 词汇量的不断增加

词汇的发展变化主要表现在三个方面分别是一是新词不断增加；二是原有的词增加或改变了意义；三是旧词逐渐消亡。前两者是词汇发展变化的主流。

古英语的词汇约有五万到六万个词，一些现代英语大词典收的词条足有六十五万到七十五万之多。

许多英语学习者常常感到困惑：为何英语词汇这么多，为何英语读音这么不同，为何英语拼写这么难……如果我们简单地了解一下英语词汇的发展过程，也许这些问题会不解自明。

古英语时期有两个重要历史事件，给英语词汇带来较大影响，一是基督教传入英国。公元 597 年，一个名叫奥古斯丁的牧师从罗马来到英国传教。罗马文化随着基督教传入了英国，一批拉丁语进入英语。二是北欧人入侵英国。从公元 790 年开始，大量斯堪的纳维亚人在英国定居，丹麦国王卡纽特还一度为英国的君主，大量的斯堪的纳维亚语词进入英语。

在中古英语时期，公元 1066 年，诺曼人横渡英吉利海峡，击溃了盎格鲁－撒克逊军队，英国被征服。之后的三百年间，法语成为英国的官方语言，众多的法语词汇被吸收进英语。

经过 1640 年英国资产阶级革命和其后的工业革命，英帝国开始向外扩张，与世界各地的交往日趋频繁，世界各地的语言都有词汇进入英语。20 世纪以来，英美的科学文化有了很大的发展，人们之间的交往越来越频繁，英语的词汇也随之越来越丰富。

英语吸收了大量的外来语，丰富了英语词汇，使英语变得灵活而又多变化。但是英语中，最常用的词仍是英语的本族语，如 and、have、to、will 和 you 等。

另外一个现象就是英语的词义不断发生变化，原有的词也可以获得新的词义。

汉语历史悠久，汉字的表意能力及组合能力很强。汉语词汇不仅量多，而且表意丰富，《现代汉语词典》是一部记录汉语语汇的中型词典，自 1978 年正式出版以来，曾于 1983 年和 1996 年出版过两次修订本，2002 年出版了增补本，2005 年出版了第五版，1978 年的初版本，所收条目共约五万六千余条。

1996 年的第三版，所收条目共六万余条。2002 年的第四版，在 1996 年的第三版基础上，增加了新词新义一千二百余条。2005 年的第五版，在收词方面，根据近年来社会生活、科学技术以及人们思想观念的发展变化，在原有词语中删去了两千余条，另增加了六千余条，主要包括政治、社会、科技、文艺等，全书收词约六万五千条，基本上反映了目前现代汉语词汇的面貌。

汉语的新词新义来源于很多方面，除了绝大部分由普通话中产生外，许多港台地区特有的词语，各地方言词语，科学技术、社会科学某个学科的术语，或社会上某行业的专门用语，简称、合称和缩略，外语词语等，都被广泛地引进和应用。第一，这些词汇都具有明显的时代特征，如和谐社会、政治文明、社保、反恐、彩显、转轨等词，都和新近出现的事物或社会现象有着紧密的联系；第二，是词义的相对稳定性，有的原是某一专业的术语，但现在又将它的本义和衍生义同时使用，表义生动，如主旋律、板块、越位、蒸发等；第三，是它的流行性，如大款、电邮、路演、扮酷、小资等；第四，是口语化，便于人们交际应用，如侃大山、宰客、蹦极、托儿等，都是来自口语，媒体中出现的频率较高，人们耳熟能详。

2. 词义上的对比

①一种语言里的有些词所表示的意义能在另一语言里找到完全的对应词，它们的词义在上下文中都对等。

②在两种语言里，某些词语在词义上只有部分对应，它们的词义概括的范围有宽窄的不同。

（五）英汉语篇的对比

语篇或话语，是指那些比句子更为庞大的语言单元，如文章、会话、面谈等。在人类交际过程中，语篇是一个动态发展着的系统。语篇的生成和形态呈现了在意义交流中所处的社会语境。许多文化特征与语篇的特征息息相关，二者相互交织，相互影响。在不同的社会文化背景下，人们所使用和创造的语篇呈现出多样化的特征。因此，研究语言不仅要分析其形式，而且还要探讨其语篇结构中蕴含的各种社会关系。从另一个角度来看，不同的语篇构建各自独特的个人经历和社会现实。

1. 汉语的意境与英语的动态

本书以马致远的《天净沙·秋思》为例。

“枯藤老树昏鸦，小桥流水人家，古道西风瘦马。夕阳西下，断肠人在天涯。”

此篇文字篇幅短小，仅含五行之言，共计二十八字。它是用了两个词头来表达三个意思。在前三句中，没有使用任何一个动词，而是以九组词汇的意象排列方式呈现，这种排列方式看起来散漫无神，毫无章法可言，但实际上并非如此。后四句是作者对自己生活经历和思想感情的回忆与概括，也是他创作时构思布局的结果。前三组“九景”有远有近、有明有暗、有悲有乐。以“断肠人”为中心，以“夕阳”为背景，以奔波为线索，这些场景栩栩如生，仿佛真实存在于九个场景之中。后七句则是对前四句景物的深化和概括。作者以“夕阳西下”为引子，巧妙地将景物与情感相融合，将分散的景点串联成一个完整和谐的画卷，勾勒出一幅悲伤的暮秋黄昏行旅图。全篇以情带景，情景交融，具有浓郁的抒情性色彩。汉语的“形散而神合”特点得到充分的体现，因为该词通过营造意境来构建语篇结构的衔接和连贯。

下面是此词的译文，让我们来看看这首译文辞的句法特征：

Crows hovering over rugged old trees wreathed with rotten vine—the day is about done.

Yonder is a tiny bridge over a sparkling stream,And on the far bank,a pretty little village.

But the traveler has to go on down this ancient road,The west wind moaning,his bony horse groaning, Trudging towards the sinking sun,Farther and farther away from home.

从形式上看，译文用了63个词，篇幅比原文长得多。译者用5个动词(hovering over、wreathed、moaning、groaning、trudging towards）和3个句子(the day is about done.Yonder is a tiny bridge over a sparkling stream. the traveler has to go on down this ancient road）在翻译过程中，采用了多种技巧和方法，以确保译文的句法结构完整，同时增强了情理连贯的叙述和描写能力，使得语义更加简明易懂，与原文形成鲜明对比。通过使用四个现在分词(hovering over、moaning、groaning、trudging towards)，成功地将原文所蕴含的意境转化为生动的形式，使得整个画面呈现更加逼真的立体动态和诗情画意。同时还能帮助人们了解作者所要表达的思想内容以及作者所要传递的信息。然而，采用明确的文体表达方式，使得读者的想象力被大大抑制。由此可见，英语所采用的句式注重动态表现，而汉语的句式则更倾向于以静态方式表达。

2. 汉语的言理与英语的言意

《孙子兵法——始计第一》的最后一段：

“兵者，诡道也。故能而示之不能，用而示之不用，近而示之远，远而示之近。利而诱之，乱而取之，实而备之，强而避之，怒而挠之，卑而娇之，佚而劳之，亲而离之。攻其不备，出其不意。”

《孙子兵法》共13章，约六千字。作者采用“舍事而言理”的叙事手法，对战争中计与战，力与智，利与害，全与破，迂与直，输与胜之间既矛盾又联系在一起的辩证关系进行鞭辟入里的剖析，无处不彰显着自己独特的哲理之光。这一段语篇由排偶句构成，句际不采用“黏合剂”或者“路标式”等连接手法（连接词：当 ...... 如果 ......）。它主要依靠成对反义词（能—不能，用—不用，近—远）与动词（卑—娇，佚—劳，亲—离）发挥前后呼应，承上启下的连接作用，既使文章观点明确又使语篇文气轻松，说服力强，充分体现汉语以话语（言理）为核心的篇章结构。这种句式又称话题说明句，也就是说句子是以题旨或者语义为核心的，语篇与话语的用意都应该从语境中来理解。根据申小龙对此书语篇结构的统计，语际主要靠“意合法”连接，占 92%，而连接手法仅占 7.4%. 请欣赏袁世槟先生的精湛译文。

All warfare is based on deception. Therefore, when capable of attacking, feign incapacity; when active in moving troops, feign inactivity; when near the enemy, make it seems that you are far away; when far away, make it seem that you are near. Hold out baits to lure the enemy. Strike the enemy, when he is in disorder. Prepare against the enemy when he is secure at all points. Avoid the enemy for the time being when he is stronger. If your opponent is of choleric temper, try to irritate him. If he is arrogant, try to encourage his egotism. If the enemy troops are well prepared after reorganization, try to wear them down. If they are united, try to sow dissension among them. Attack the enemy where he is unprepared, and appear where you are not expected.

译者在翻译第二句“故能而示之不能，用而示之不用，近而示之远，远而示之近”时使用了四个时间状语引导词（when）来连接语篇，虽然省略主语（you）但是该句式还是一个典型的英语句子结构。第三句前半句“利而诱之，乱而取之，实而备之，强而避之”，译文使用三个时间状语引导词（when）来连接语篇；第三句后半句“怒而挠之，卑而娇之，佚而劳之，亲而离之”，译文使用四个条件状语引导词（if）来连接语篇，可见这是个语法成分齐全的句子结构。“攻其不备，出其不意”最后一句，译文中使用了两个位置状语引导词（where）来连接语篇，也是英语句式中的一个典型例子。由于这段译文使用了 4 组状语引导词，且句子的主谓宾语齐全，句子结构高度形式化，表义高度逻辑化。在句法上，它是“化隐为显”的，在翻译理论上它是“得意忘形”的。整篇语篇把言意放在首位。

3. 汉语的流感与英语的动感

《红楼梦》第六十五回“贾二舍偷娶尤二姨，尤三姐思嫁柳二郎”中有这样一段对白。

兴儿连忙摇手说：“奶奶千万不要去。我告诉奶奶，一辈子别见她才好。嘴甜心苦，两面三刀；上头一脸笑，脚下使绊子；明是一盆火，暗是一把刀，都占全了。”

这段文字采用的汉语口语体，较为典型。说者（兴儿）一口气将这段话说完，像机枪一样一吐为快。该段文字句式自由、语感活泼生动、节奏欢快，虽然语法核心成分（主语和谓语动词）淡漠，没有结构和连接词支撑，但是语义的表达完美使人忽略了话语的自然铺排叙述，表现出严谨的逻辑性。这充分体现了汉语的流水短句具有简洁、明快、活泼的修辞效果。文字中的一系列对比，如嘴甜—心苦，上头—脚下，一脸笑—使绊子，明—暗，一盆火——一把刀，及句子音节数量上的平衡对称，声调平仄相谐，语义流高低升降有序，抑扬顿挫协调，使得全句节奏感强，读来有种跳跃感。语感使全句文意贯通，浑然一体。请欣赏翻译家杨宪益夫妇的译文。

Hsing-erh threw up his hands in dismay,“She’ll give you sweet talk when there’s hatred in her heart, she’s so double-faced and tricky. All the time she’s smiling she tries to trip you up, making a show of great warmth while she stabs you in the back.That’s the way she is.”

杨宪益和妻子将兴儿这串连珠炮般的话语翻译得神采奕奕、语调自然、流畅，读来没有任何翻译痕迹。译者根据对原文的心领神会，在翻译中补充了“嘴甜心苦……都占全了”这串流水句中省略的主语动词和谓语动词，并以三个显性语篇功能词（when、all the time、while）将语法成分齐全的单句串联起来，形成语际衔接密切，连贯自如的语篇。但是它的句式似乎有点书面化，在某种程度上丧失了原文中口语中流感语势。

从对比和分析的角度来看，汉语句式呈现出高度的灵活性和多样性，不受句子语法和上下文连接词的限制，通常以词序、情境、语境、事理、语势等为中心来表达意义，而语篇的衔接和连贯则主要依赖于叙事的事理逻辑和语境等隐性关系来实现，读者需要通过“悟”来理解整个句子和语篇的意义；汉语句式灵活多变，形式多样，往往根据不同情况选择合适的表达法，使文章更具有表现力和感染力。英语的表达受到语法形式和句子结构的制约，因为句子以动词为中心，注重句子结构的形合，只有在语法统辖下，句子才能通顺，表意才能准确无误，而语篇的衔接与连贯则主要依赖完整的句法形式和各种显性功能词语的表达。

（六）英汉表达结构的对比

1. 英语重结构，汉语重语义

英语和汉语属于截然不同的两种语言，彼此之间存在着明显的差异。在使用过程中由于受母语思维方式影响，有时用英语来表示一个事物或一种现象时很难准确地表达出来。英语句子中如果少了连接词 or、but、if、so、because、when、although、in order that、so that 等，所要表达的意思就会支离破碎。如果汉语缺乏连接词，那么只需从句子本身的意义出发，就能够清晰地表达出概念或关系。

例 1：

英文原文：Conquer the desires，or they will conquer you.

中文译文：你如不能战胜欲念，欲念将要战胜你。

英语句子中需要使用连接词“or”，汉语中则不需要。

例 2：

英文原文：An English man who could not speak Chinese was once travelling in China.

中文译文：一个英国人，不会说中国话，有一次在中国旅行。

英语句子中包含一个定语从句，结构紧凑，而汉语句子结构相对很松散。

例 3：

英文原文：It applies equally to traditional historians who view history as only the external and internal criticism of sources,and to social science historians,who equate their activity with specific techniques.

中文译文：它同样适用于传统历史学家和社会科学历史学家，前者将历史只看作是对历史材料来源的内部的和外部的批评，后者把历史研究活动等同于具体的研究方法。

这个句子长达30个单词，属于典型的复杂句，其结构由一个主句和两个由who引导的从句组成，虽然信息丰富、结构复杂，但在英语中并不会出现混乱，因为它的句子结构相互衔接，语义清晰。在英语中，Who引导的定语从句常常被置于名词之后，用以修饰该名词，这种表达方式相对独立，但却与主句紧密相连。在英语的表达中，句子结构是至关重要的，恰当地安排句子结构可以达到更好的表达效果。然而，从汉语的表达习惯来看，句子的长度不宜过长，因为修饰成分过多或过长可能会引起喧宾夺主、语义含混的情况。如果能够把这两种语言结合起来，就能使语言表达更加简洁生动。汉语的表达水平并不需要通过烦琐的结构来提升，只要意义明确、准确无误，表达方式就会更加灵活多变。

2. 英语多长句，汉语多短句

由于英语和汉语的侧重点不同，英语更加注重结构的重要性，汉语更加注重语义的重要性，因此英语句子与汉语相比通常更长一些。在英汉翻译中应该摆脱英语原文的限制，取得一定的主动权，即钱钟书老师所讲的“get the meaning, forget the words”（得意妄言）。成功地完成这一形式转变的关键在于搞好英语长句结构的分析工作，将长句根据意群切成几个小段落。

例如：

英文原文：In the doorway lay at least twelve umbrellas of all sizes and colors.

中文译文：门口放着一堆雨伞，少说有十二把，五颜六色，大小不一。

3. 英语多被动，汉语多主动

被动结构在英语内部常用，在汉语中很少用。英语被动句中，动作施行者不需要被强调，而是把他们置于句末用by相连；不需要或者不方便表明动作施行者的句子，可以选择将施行者直接略去。相对地，汉语惯于使用人称化的表述，主语往往是能够施行动作或者具有生命的对象，因此汉语里主动句很多。

4. 英语多代词，汉语多名词

英语经常用代词，而汉语虽也用代词，但是用得显然没有英语频繁，英语中不但有人称代词we、you、he、they，还包括关系代词that和which等。在冗长繁杂的语句中，英语常常要用大量代词才能做到语句结构严密，语义明确，又能避免反复表达。汉语虽也存在代词，但是因为结构比较松散，句子比较短小，所以句子里不会用太多代词，用名词通常会让语义变得更明确。在翻译过程中，要想搞清句中的准确意义，对代词指代情况了解要透彻，这是因为在没有了解主语为何物的情况下，谓语动词所表达的意义常常就不能肯定。

5. 英语多引申，汉语多推理

词语在一定环境下，常常产生出新的意义。在原作者看来，这一新词义通常是对原词义的延伸；在翻译者看来，这种引申就转化为推理。

6. 英语多抽象，汉语多具体

翻译过程中，抽象的表达则要求译者吃透原文的意思，用具体的中文进行表达。

total exhaustion 筋疲力尽

careful consideration 深思熟虑

perfect harmony 水乳交融

feed on fancies 画饼充饥

with great eagerness 如饥似渴

lack of perseverance 三天打鱼，两天晒网

await with great anxiety 望穿秋水

make a little contribution 添砖加瓦

7. 英语多前重心，汉语多后重心

为了表达多方面的逻辑性，英语常常优先考虑对事情的预测或结论，不注重事情的真相或说明，因此重心在前；汉语是一种由因到果、由假设到推论、由事实到结论的语言体系，即重心在后。

例如：I was all the most delighted when as a result of the initiative of your Government it proved possible to reinstate the visit so quickly.

译文：由于贵国政府的提议，才得以这样快地重新实现访问。这使我感到特别高兴。

二、中英思维方式对比

思维是在表象、概念的基础上进行分析、综合、判断、推理等认识活动的过程；思维是人类特有的一种精神活动，是从社会实践中产生的。中国人和西方人

思维方式不同，这种不同自然会成为语际交流的障碍。了解中西方思维方式的特点和异同，会有助于我们避免英汉互译中出现理解和表达上的错误和失当。

（一）抽象思维和形象思维

英语民族注重抽象思维能力的运用，抽象表达法在英语中使用得非常普遍，英语中大量使用概括、笼统的抽象名词，用来表达复杂的理性概念和微妙的情绪，这种情况往往很难用相对应的汉字来翻译。而汉语民族的思维形式恰恰相反，更习惯于运用形象的方法表达抽象的概念，例如汉语里面的成语、比喻、谚语、歇后语等。

have a down-to-earth manner 脚踏实地

of indomitable spirit 顶天立地

occupy a commanding position 居高临下

be kept in the dark 蒙在鼓里

perfect harmony 水乳交融

feed on fancies 画饼充饥

with great eagerness 如饥似渴

careful consideration 深思熟虑

ardent loyalty 赤胆忠心

例 1：

He waited for her arrival with a frenzied agitation.

中文译文：他等着她来，急得像热锅上的蚂蚁。

例 2：

Her mind was in a turmoil these days and she was quite unable to think straight.

中文译文：她这一阵心头如十五个吊桶打水——七上八下，老是安静不下来。

（二）直线思维和曲线思维

英语民族的思维模式是直线型，运用语言表达思想时，总是开门见山表达观点，再展开予以说明，借助各种衔接方法传达新信息，从而对主题进行全面而具体的阐释。而汉语民族的思维模式是曲线型，运用语言表达思想时，总是先分述，或者旁敲侧击，最后再切中主题。他们各自的思维风格导致语言表达上的差异，英语句式结构一般为前重心，汉语则为后重心。受思维模式影响，英汉语篇分别呈现直线型和曲线型的逻辑特征。

例 1：

英文原文：These passions, simple but overwhelmingly strong, have governed my life; the longing for love, the search for knowledge, and unbearable pity for the suffering of mankind.

中文译文：渴望爱，寻求知识和对人类苦难的深切同情，这是支配我生活的三种简单而无比强烈的情感。

例 2：

英文原文：The president said at a press conference dominated by questions on yesterday's election results that he could not explain why the Republicans had suffered such a widespread defeat, which in the end would deprive the Republican Party of long-held superiority in the House.

中文译文：在一次记者招待会上，问题集中于昨天的选举结果，总统就此发了言。他说他不能理解为什么共和党遭到了这样大的失败。这种情况最终会使共和党失去在众议院长期享有的优势地位。

（三）形式逻辑和辩证思维

英语民族重视形式逻辑，而汉语民族更重视辩证思维。因而英语重形合，很重视语法形式，在句子中注重运用结构词或者虚词，表现形式受逻辑形式支配。而汉语则是语义型语言，重意合，没有形式上的语法区别，表现形式受意念引导，很少使用结构词或者虚词，行文具有隐含性。

例如：

英文原文：When I try to understand what it is that prevents so many Americans from being as happy as one might expect it seems to me that there are two causes of which one goes much deeper than the other.

中文译文：为什么如此众多的美国人不能如想象中那样幸福呢？我认为原因有二，而两者之间又有深浅之分。

英文句是由七个连接词连接在一起的，而译文中却只使用了一个连接词“而”。

例如：

英文原文：Even if the monk can run away，never can his temple.

中文译文：跑得了和尚，跑不了庙。

汉语句子是通过意合构成句子的，而英语的译文是通过连接词even if连接句子。

三、中西文化对比

（一）生态文化对比

在地理位置上观察，中国是一个广袤的大陆国家，其领土辽阔，物产丰富。由于地理条件不同，各地区的风俗民情也不尽相同。中华文化中的“黔驴技穷”“人心齐，泰山移”等词汇，无不彰显着中国独特的地理特征。相对而言，英国作为一个岛国，其历史上的航海业相当发达，因此在语言中出现许多与海洋、船只和水有关的短语，如“all at sea”（茫然无措）、“burn one's boats”（破釜沉舟）等。由于汉民族在亚洲大陆生活繁衍，人们的生活离不开土地，因此汉语中用“挥金如土”比喻花钱浪费，大手大脚，而英语中则用“spend money like water”。再拿方位词来说，中国自古就有南为尊、北为卑之说，常说“从南到北，南来北往”，“南”在说法中常被置于前面。与英语文化相反，英美人是从英语地域文化来认识汉语“从南到北”，即“from north to south”。“西北”“西南”“东北”“东南”等方位词语在英语里的表述与汉语文化也正好相反，即“northwest”“southwest”“northeast”“southeast”。

在气候方面，“东风”和“east wind”文化内涵完全不同，中国位于东半球，东临海、西接亚欧大陆，暖风自东方吹过。汉语文化氛围中“东风”为暖风，象征着“春天”和“温暖”，吹绿中华大地，古诗有“春城无处不飞花，寒食东风御柳斜”（韩愈）等。而位于西半球、北温带、西濒大西洋、东与欧亚大陆接壤的英国，报道春天新闻的是西风，英国著名浪漫主义诗人雪莱《西风颂》就是对春天的赞美。

生态环境的差异使各民族对于动植物的偏好有所不同，中国作为农业大国，农业在国民经济中占有举足轻重的地位。自古以来，人们主要从事农耕，所以耕牛是中国传统文化中勤劳的标志。人们常常把兢兢业业任劳任怨者比作老黄牛，鲁迅先生也有过“俯首甘为孺子牛”这句名言。与中国相反，英国古代以马为主，牛很少劳动，所以马是英美文化中勤劳、吃苦耐劳的标志。所以汉语中的“力大如牛”，在英语中是“as strong as a horse”；汉语中的“老黄牛”，在英语中是“work like a horse”。除牛之外，“狗”也在汉语和英语中有不同的文化内涵。汉语中狗的形象大多含有贬义：“狐朋狗党”“狗急跳墙”“狼心狗肺”“狗腿子”“狗嘴里吐不出象牙”等，而英美民族却视狗为人类最忠诚的朋友，如“lucky dog”（幸运儿），“Every dog has his day”（凡人皆有得意日），“Love me，love my dog”（爱屋及乌）等。

在中国的传统文化中，人们对于“岁寒三友”——松、竹、梅，赋予了极高的评价，用来形容人类高尚正直、刚正不阿的品性，而英语中的“pine”“bamboo”“plum blossom”则缺乏这种联想意义。这是因为，它们都属于植物范畴，不能和动物相类比。以竹为例，相对于英国而言，中国的竹子是一种独特的文化遗产，汉语中不乏与竹子相关的成语，如“势如破竹”“罄竹难书”等，这些成语蕴含丰富的文化内涵和历史渊源；在文学作品当中，竹子常常被用作形容人物内心坚忍顽强以及对命运的抗争精神的形容词。常被运用于诗歌之中，如“凌寒竹常爱，坚贞可喻人”，而在英语文化中，“bamboo”则为外来词汇，难以引发类似的联想。这是因为在不同民族之间，由于地理环境和风俗习惯的差异导致了语言上的差别，这种文化差异造成人们在使用相同的概念时容易出现歧义。由于气候的影响，英国的蘑菇产量较高，因此在汉语中用“雨后春笋”这一成语来比喻新生事物的大量涌现和迅猛发展，而在英语中则用“spring up like mushroom”来形容这种现象。

（二）英汉颜色文化对比

1. 从语言看颜色词的文化差异

在英汉两种语言中，色泽鲜艳的词汇扮演着至关重要的角色，其表现力之强令人叹为观止。颜色词不仅具有色彩美和形象美两大特点，而且还包含丰富的文化内涵。由于其能够快速而精准地传递信息，色彩已成为国际信号系统的主要特征。颜色词已渗透到社会生活各个领域和人们日常交际活动之中。在当今社会，色彩已经成为交通、医疗、军事等领域中不可或缺的元素。在日常生活中，颜色不仅用来指示方向和距离，而且还具有丰富的文化内涵。如红、黄、绿灯是交通信号的标志，red light 表示“禁止通行”，yellow light 表示“暂缓通行”，而 green light 则表示“可以通行”。红色代表热情和活力，黄色代表严肃和威严，绿色象征和平与希望。这三种色彩的鲜艳之处在于，它们能够在极短的时间内刺激人们的视觉感官，引起人们的注意，并在人们心中留下深刻的印象。所以在现代社会里，各种车辆和行人均需使用这种具有强烈色彩效果的标志来指示方向。Red Cross 所代表的人道主义精神，无论是在战争年代还是和平时期，都能够在任何带有“红十字会”标志的领土上畅通无阻，为人们的生命和健康保驾护航。因此，它们被称为“和平与安全的象征”，是一种非常重要的交通安全标志。电视画面中的“警示牌”代表着安全和有序。The white flag 是表示投降或求和的“休战旗”。这些旗子和其他符号构成一个象征和平与安宁的整体形象。通过在电视屏幕上呈现“天气预报”云图的色彩，气象信息呈现出更加鲜明、生动、充满真实感的效果。

由于每个民族思维方式、历史背景、社会制度、宗教信仰、生活环境以及感情色彩等都不相同，所以在对同一种色彩实物的描写上，各个民族都具有各自鲜明的民族色彩。如英国、美国和西欧各国人民喜食奶油时，都采用浅黄色，而我国人民喜吃玉米是以米色来表示的。在人类文化不断发展的过程中，各民族之间进行了交流，各民族文化之间也进行了渗透，外来词语得到了介绍，丰富了各民族语言知识宝库。例如，西方人就用他们最喜欢的饮料 chocolate、coffee 来表示深褐色。这两个词还被引入汉语里，因此我们日常生活里有咖啡色、巧克力色等。

2. 颜色词文化差异成因

下面就颜色涵盖信息和赋予意义的中英文差异，从历史背景、社会制度、文化传统和文化传统等方面探讨其成因。

（1）不同的历史背景

不同民族由于历史背景、宗教信仰不同，其文化的沉淀和积累有很大差异。而这种习惯和传统作用于色彩，便会产生不同的效果。在中国的历史文化中，“黄色”至为尊贵，不单是皇权的象征，也是权威、富贵、吉利的象征。我国历代皇帝登基都是“黄袍加身”，黄色几乎成了历代帝王专用的色彩。1986 年，英国女王伊丽莎白访华时特地定做了一套黄色礼服，就是为了表示“入乡随俗”的心愿。现在中国人在日常生活中的婚礼、开业庆典等也选“黄道吉日”。我国的大好河山有黄山、黄河、黄海、黄土高原等。但“黄色”在英美国家并非人们所崇尚的色彩，反而喻指“胆怯”“嫉妒”，因为 yellow 是犹大背叛耶稣时所穿衣服的颜色，如英语的“卑鄙的人”为 a yellow dog，“胆小鬼”则为 a yellow livered。

英美国家的人用“purple”（紫色）象征帝王，因为西方的帝王有穿紫袍的传统，“紫袍加身”即地位显赫。所以英语中有许多关于 purple 的短语：to be born in the purple=to be born in a royal family 出生在皇室家族／生于帝王之家，to be raised to the purple = to be promoted to the position 得到提拔／得到重用，purple massages=florid words 赞扬的话／赞美的语言，purple to the extreme 红得发紫，marry into the purple=marry into a family of high social position 与皇家或贵族联姻嫁到社会地位高的家庭。

（2）不同的社会制度

各民族由于不同的政治、经济、社会制度，会利用不同的颜色代表政治派别或表示民族特性，这一习惯古已有之。在英语中，the true blue 指政党的忠实党员，尤其是指英国顽固的保守党员，white paper（白皮书）或 blue paper（蓝皮书）是指英美政府就某一专题发表的封皮为蓝色或白色的报告书或外交文书，yellow book（黄皮书）指法国等国家的政府工作报告，而 green paper（绿皮书）是指供各类委员会讨论的报告草案，blue-chip rate 指英国的优惠信贷利率，blue laws（蓝法）指禁止在星期日从事商业交易的美国法律。

（3）不同的文化传统

在汉民族文化中，自古以来常用红色表示幸福、快乐、幸运、吉祥、昌盛。红色常用于热烈、快乐、喜庆的场面，如春节写红对联，正月十五挂红灯笼，结婚贴红双喜，劳模功臣戴红花。英语国家的红色也与喜庆活动有关，如 red letter day 指的是“纪念日”“喜庆的日子”。但英语里 red 还表示极端、危险、愤怒、紧急等意思，如斗牛士用来激怒牛的红布（red rag）被喻为“令人恼怒的事物”，红色成为不祥之兆（red for danger），红色甚至成为“政治上的激进”的代名词。白色在汉语里是悲哀的象征，每逢丧事时，披麻戴孝，全身皆白。而英语中的 white 则是上帝、天使的象征，象征着和平与纯洁。婚礼上新娘身披婚纱表示爱情纯洁，纯洁的心灵为 white spirit，吉日为 white day。汉语里“白手”，指：一无所有，而英语的 white hand 则有 pure 纯洁或 unstained 清白之意。要说“白手起家”，只能用 start from scratch 或 build up from nothing。而“He has white hand.”绝不是说“他的手白”，而是指“他是清白无辜的”。绿色在汉语中常常象征和平、希望、繁荣、年轻、高贵、典雅，给人舒服安全之感，但在英语中指没有经验、知识浅薄时则用 green 来比喻。因此就有了 a green hand 生手或容易上当受骗的人，green goods 新鲜货，a green man 新手，green horn 涉世未深，as green as grass 幼稚。

语言是文化的一部分，不同的语言则在一定的程度上反映了文化的差异。不同的颜色在不同的语言中其表达方式和表示的内容都不尽相同。颜色词可谓变化多、活力大、使用率高、表现力强。所以我们在理解与颜色词有关的词汇、短语、习语或句子时，要特别注意它们特定的文化内涵。

（三）英汉文化传统和风俗习惯对比

由于历史、地域、文化背景、风俗习惯的不同，中国人和西方人往往对同一事物的思维、理解、看法不尽一致，甚至有很大差异。因此，不同的文化传统对语言承载的信息感应不可能等效，因而绝对不能简单地对号入座，要讲究语用意义对等，即从语用学的角度考虑，遵循交际中的合作原则，包括礼貌原则、策略原则、满意原则和呼应原则等。

1. 称呼

中国人的生活词典以“尊”当先，一开口少不了“兄弟、哥哥、姐姐、叔叔、伯伯、大娘”之类的称谓，尤其是对待年长者。可是外国人对这点看得很淡，除了自己的亲戚外，他们不会轻易加敬称。若加了，他们会感到非常不舒服，或许还会产生错误的想法。同样是问路，中国的孩子会说：“老奶奶，请问去邮局怎么走？”美国的孩子会说：“Excuse me, will you tell me the way to the Post Office？”

2. 打招呼

中国人见面打招呼常用的几句话是：“您吃了吗？”“您去哪儿？”这两句话

在中国文化中没什么具体含义，只是一种礼节性地打招呼的方式，相当于英语中的 Hello 或 Hi。前一句如按字面意思译为 Have you had your dinner？或 Have you eaten yet？往往使外国人误以为对方想请他们吃饭。再如后一句译为 Where are you going？或 Where have you been？外国人听了会不高兴，认为对方有干涉别人私事之嫌。英语国家的人打招呼通常以天气、健康状况、交通、体育以及兴趣爱好为话题，如我们非常熟悉的英语句型：Lovely day，isn't it？ How are you？

现将中国人和英语国家的人初次交往的禁忌归纳为“七不问”，即不问对方年龄（age）、收入（income）、体重（weight）、宗教信仰（religion）、婚姻状况（marriage）、吃了吗（Have you had your dinner？）和去哪儿（Where are you going？）。

3. 赞扬与答谢

在英美国家，赞美也是人们交谈的话题，赞美的内容主要有个人的外貌、新买的东西、出色的工作或取得的好成绩等。对别人的赞扬，他们最普通的回答是 Thank you！而中国人总爱抬高别人贬低自己。如听到老外赞扬 You look very beautiful today. 没有经验的中国人通常会直译回答：“哪里，哪里。”或“你过奖了。”英美人会被这种回答弄得莫名其妙。

一般来说，中国人在家庭成员之间很少用“谢谢！”如果用了，听起来会觉得很怪，或相互关系上就有了距离。而在英美国家 Thank you！几乎用于一切场合的人际交往，即使在父母与子女，兄弟姐妹之间也不例外。当别人问道：Would you like something to eat/drink？我们通常客气一番“不用了。”“别麻烦了。”等。按照英美国家的习惯，若想要，就不必推辞，说声“Yes, please.”若不想要，只要说“No，thanks.”就行了。这也充分体现了中国人含蓄和英美人坦率的不同风格。

（四）地理环境和社会观念对比

人类赖以生存的地理环境包括四个方面分别是位置、气候、地形和自然资源。一定的文化实体总是存在于一定的地域空间内，不可避免地要体现该地域的自然面貌特点，反映到语言上就会使语言之间产生明显的差异；地理位置决定了当地的自然条件，特别的自然环境和条件对人们的心理、思维和行为习惯等造成一定的影响，这一影响在语言中的体现非常直观。从历史传统和现实生活来看，英语民族长期过着航海生活，因而英语中与大海、航海或源于航海的词语比比皆是，如a sea of troubles（无穷的麻烦）、follow the sea（当水手）、keep one's head over water（奋力图存）、Hoist your sail when the wind is fair（好风快扬帆）等。

中国是大陆国家，土地至关重要，所以汉语中有许多与“土”“土地”有关的词语，如土崩瓦解（collapse like a house of cards）、土生土长（locally born and bred）、土里土气（rustic）等。在比喻花钱浪费、大手大脚时，英语的表达是“spend money like water”，汉语则是“挥金如土”。

汉语中有许多关于山川、四季、农耕等方面的习语如“山重水复疑无路，柳暗花明又一村。”（The hills and streams have no end，there seems to be no road beyond；but dim with willows，bright with followers，another village appears)，“一日不见如隔三秋”（A day’s separation seems as long as three years)，其意思就是miss sb.very much。英语中的As you sow，so you must reap（种什么，收获什么）不如汉语的“种瓜得瓜，种豆得豆”那么具体。

受长期农耕文化的影响，汉语中形成“民以食为天”（People regard food as their primary want/Food is the first necessity of man）的传统，产生了大量与此有关的习语，如“吃饱了撑的”（be restless from overeating-have so much surplus energy as to do sth.senseless)、“吃不了，兜着走”（get more than one bargained for；land oneself in serious trouble)、“吃里扒外”（eat sb.’s food and cater to his enemy；live on one person while secretly serving another；betray one’s own side)、“吃软不吃硬”（susceptible to persuasion rather than coercion）等。这些说法或表达在英语中比较少见，必须按照它们的实际含义根据上下文来翻译。

由此可见，汉英两种语言在地理方位和农耕表达上的差异同样反映出不同的文化内涵。只有了解了这一差异，我们才能创造某种“异国情调”，恰当地进行语言转换。

1. 价值观念与审美情趣

价值观念包括伦理道德、意识形态、宗教信仰以及风俗人情等可以作为“为人处世”准则的观念，一般被认为是特定文化和生活方式的核心。这方面的差异表现在汉英两种语言上，有时十分明显，有时相当隐晦。作为文化构成的深层因素，它既是社会文化的组成部分，又是社会文化因素在人们心中长期渗透、积淀的结果，持久地影响着人们的态度、需要和行为方式。

2. 亲属关系

中国素有“礼仪之邦”之称，在数千年的文明史上，由于长期的农耕生活方式和儒家“长幼尊卑”的观念，中国文化形成自己的一套道德规范和礼貌准则，其各种亲属关系和社会关系被规定得非常清楚和严格，如“伯父”“叔父”“舅父”“姑父”“姨父”这一组词指称父母同辈的男性亲属，不得混淆。这些亲属“亲疏有别、权利义务不同”，不加以区分是不行的。而对具有长期商业传统、推崇个体主义文化价值的英语民族来说，亲属关系和社会关系就没有中国传统文化那么清楚和严格，如英语中对非直系亲属，长一辈的一律称为“uncle”或“aunt”，小一辈的叫“nephew”或“niece”；而同辈人不分男女，一律称“cousin”．这与丰富的汉语亲属名词相比简单多了，但对中国人来说简直不可思议，因为汉语中不但要分清男女、长幼，还要讲究“堂”“表”“血亲”“姻亲”之别，甚至还要弄清“姑表”“姨表”“舅表”等“辈分”和其他亲属关系。在英美等西方国家中，孙子和爷爷可以相互直呼其名，以示亲昵。

3. 宗教信仰

一个民族的宗教信仰是文化的一个重要组成部分。中、英两国都有着悠久的历史，在历史的长河中形成各自的宗教习俗，与宗教信仰有关的习语也大量地出现在英汉语言中。英美人有着信奉基督教的传统，与此有关的习语如 Go to hell！（见鬼去吧。下地狱去吧。）这样的诅咒；God bless you．（上帝保佑你）这样的祝福。God helps those who help themselves．（自助者，上帝助之）这样的激励。佛教传入中国已有一千多年的历史，与此相关的习语如借花献佛（borrow a flower and present it to the Buddha as a gift.make a gift of sth.belonging to sb.else）；放下屠刀，立地成佛（A butcher becomes a Buddha the moment he drops his cleaver；A wrongdoer may become a man of virtue once he does good)，谋事在人，成事在天（Man propose，Heaven disposes；Man propose，God disposes）等。

4．审美观念

不同的民族有不同的审美观念，这一点同时也反映在不同民族的语言中。“猫头鹰”（owl）在西方文化中是“聪明”“智慧”的象征，如as wise as an owl，而在汉语中，它是一种不祥之鸟，人们认为，听到猫头鹰叫会带来灾难。“蝙蝠”在中国文化中因其谐音为“福”而被视为吉祥的象征，但在西方文化中却是邪恶的象征。喜鹊在汉文化中会引起“喜讯到来”的联想，如“喜鹊报喜，乌鸦报丧”，而在西方文化中没有如此联想。“蜗牛”（snail）在美国是吉祥幸福的象征，在客人临行时送蜗牛，含有慢慢走，祝你一路平安的意思，而在汉语中则没有此意。

各种语言都有用动物进行比喻的习语，英汉语言也是如此。最典型的莫过于对“狗”的态度。狗（dog）忠实于主人，这种特性引起西方人对狗的好感，视狗为宠物，用来喻指人时多为褒义，如top dog（重要的人），Every dog has his day（人人皆有得意之事），还有Love me，love my dog（爱屋及乌），而在中国人眼里，狗虽有忠实特性却也有“仗势欺人”“为虎作伥”之嫌，在汉语里用狗比喻人时多带贬义，如“狗咬吕洞宾，不识好人心”，鲁迅先生的“痛打落水狗”更为人们所熟悉。英语中 You are a lucky dog 是赞叹“你真是个幸运儿”，若直译为“你真是只幸运的狗”，在中国人眼里肯定是不会引起美好、愉快的联想。

第三章　跨文化视角下英语翻译的理论研究

本章主题为跨文化视角下英语翻译的理论研究，分别论述了跨文化翻译与文化人类学的发展、英语翻译中的跨文化视角转换与翻译、跨文化英语翻译中的语境、跨文化交际翻译中的“错位”现象、认知角度与隐喻的跨文化翻译、关联理论与隐喻的跨文化翻译。

第一节　跨文化翻译与文化人类学的发展

文化人类学的重要任务之一是对异域文化的描述。因此，翻译问题始终是文化人类学研究的一个核心问题。民族志的撰写过程是对于异域文化的描述过程，也是一个翻译的过程，这种翻译不只是文本翻译，而是一种涉及跨文化翻译的问题。在全球化和跨文化的大背景之下，文化人类学翻译理论有了新的出发点。文化人类学视角下的跨文化翻译为新时期的翻译理论研究提供了新的素材，特别是对于后殖民主义翻译提供了理论依据。

文化人类学自诞生以来就一直对翻译问题充满兴趣。不仅如此，甚至可以说，文化人类学本身就是翻译科学，而且是跨文化的翻译学。跨文化翻译的核心问题始终贯穿着文化人类学和人种学各种理论方向的始终，它已经超出了语言翻译的范畴，这是与语言层面翻译研究的最大不同。文化人类学视角下的翻译是一种社会实践行为，同时也是跨文化交流的一种形式。它按照不同的社会文化关联性揭示了意义的多样性。文本层面的翻译研究在这里也获得了扩充其研究范围的基础。

文化人类学翻译的一个主要问题是把陌生文化，特别是欧洲以外的文化“译人”西方人所熟悉的语言、经验范畴以及精神世界。同时还要保证陌生文化应该在西方自我阐释的主导思想下被理解，也就是说，按照西方自己的思维方式、象征和符号来理解。这一点正是美国文化人类学家克利福德·格尔茨（Clifford

Geertz）所和他所秉承的阐释文化人类学所提出的一个重要要求。显而易见，文化人类学的研究过程是一个复杂的翻译工程，没有文化分析、阐释和建构，文化人类学研究无从谈起。文化人类学研究中的翻译行为可以分为如下三个阶段。

第一阶段，20 世纪初，文化人类学进入了田野考察的实践阶段，因此，相关外语的学习和翻译就成为必不可少的前提条件。人类学家把许多口头表达的词汇和内容翻译成为一种能够反映完整生活方式的表达，并从中重新构建出一种文化关联性。但存在的问题是，他们无法把这种翻译回溯到某个特定的原始文本。

第二阶段，乡土概念和重新建构的文化联系经过翻译，成为民族志读者所熟悉的语言和表达方式。民族志学者对于异域文化进行的田野研究被翻译为专题性的文章。一方面需要把口头的表达翻译为书面的固定文本，这种要求成为反思文化人类学研究的一个挑战。另一方面，民族学必须是一种文化比较的科学，包含大量的比较性和分析性的概念，如亲属关系、权利结构、社会矛盾、等级制度等。这时就出现一个悖论，即在翻译异域文化的时候，必须用西方的概念来描述异域文化的本土性内容。

第三阶段，以特有的核心范畴——“文化”为媒介的人类学蓬勃发展。文化人类学翻译被视为一种特别的文化实践，并与其认识论的大环境密不可分，因此文化翻译与权利关系、文化不平等性紧密相连。

民族志翻译的多样性主要产生在以下三个转化阶段。如在把异域文化体验转化为文本的时候，把田野考察转化为专业著作的时候，从口语转化为书面语，把欧洲以外的异域思维方式转化为西方人熟悉的表达方式和理论。在这一系列的转化之中，文化人类学翻译的实践和反思扩大了翻译的概念，即翻译从纯粹的语言转化过程演变为文化转换过程。这对于纯粹语言层面的翻译研究来说无疑扩大了研究的视野。文本翻译和语言翻译已不单单是词汇文字的翻译，它还包括与文化相关的思维方式、世界观和行为方式的研究，并且能够区分出文化差异。

一、田野考察与翻译

自 20 世纪 20 年代初美国文化人类学研究的第一阶段以来，翻译问题仍然来源于对于外来语言的经验研究，当时主要是对于印第安语的研究。其中获得的人类语言学的知识在理论层面上与萨丕尔—沃尔夫假说紧密衔接，这就是所谓的语言相对论。按照该理论，不同的文化决定了不同的文化价值观和对于世界的体验。按照这种语言决定论和文化相对论，不同文化之间的翻译（至少是准确的翻译）是不可能的。20 世纪 60 年代以来，人类语言学朝着会话和交流的民族志方向发展，研究内容已不侧重于语言结构和语法，而更多地对语言的功能进行研究，并且在可比较功能的层面上突出可译性，并扩展到非语言因素。这种民族语言学的结构功能主义与英国社会人类学的观点非常类似，后者认为，翻译是民族学研究的重要活动，它通过田野考察中的“直接观察法”确立了自己的重要性。

文化翻译理论肇始于 20 世纪初的田野考察方法。田野考察最主要的方法是“直接观察法”，这种方法融合个人体验与科学分析。人类学家马林诺夫斯基（Malinowski）曾详细论述了撰写民族志中出现的翻译问题，其出发点最早来源于对于异域文化语言表达和文本等语言学材料的分析。1935 年，马林诺夫斯基把他对于民族志翻译的思考写入其著作《整体语境翻译》。其中，他创造了“意义语境区分理论”。该理论不仅考虑文化的整体语境（如道德观、美学观等），而且还考虑了与特定场景相符的情景语境（如词汇功能、会话行为等）。马林诺夫斯基认为，民族志撰写的核心难题是神秘话语的功能和它的仪式作用，对它们的解读必须依赖熟悉异域文化的知情者。他认为熟悉情况的知情者能够阐释神秘的瞬间、暗示、专有名词和神秘的假名。没有他们，神秘性便无从翻译。民族学翻译虽然是以源文化的语言为对象，但是“必须走出原住民语言的概念”，而且还得借助于科学的概念和民族志与语言学的描述与评论。

马林诺夫斯基之后，埃文斯·普里查德（Evans Pritchard）对于民族学翻译问题进行进一步的研究。在他的研究当中，文化翻译成为核心概念。自 20 世纪 50 年代以来，文化翻译的运用为英国社会人类学的研究奠定了基础。社会人类学家通常致力于研究并不熟悉的文化，这一事实使他们不得不面对翻译的问题。因此，1971 年出版的埃文斯·普里查德纪念文集特意被命名为《文化的翻译》。这个标题反映了埃文斯·普里查德对于翻译问题的一个基本设想，即如何把不同的语言，特别是氏族社会的独特隐喻和思维方式翻译成为欧洲的语言和合理的想象。如埃文斯·普里查德在其名著《努尔人》中对于苏丹努尔人语言的研究中发现，努尔人经常说“双胞胎是鸟”，这句话应该如何翻译？文化人类学翻译中的一个核心问题是对宗教信仰概念的翻译。许多信仰概念只能用冗长的词汇进行翻译。

即使成功地翻译了字面意义，也很难保证实际内容与源语文化相符。

对于文化人类学翻译问题的另一个反思来自英国的社会人类学研究，它要求在翻译田野考察经验时一定要“语境化”。这一点特别在相对主义—理性论的讨论中明显地表现出来。在这次争论中专门讨论了文化人类学翻译的认识论基础，如异域文化思维方式是否可以翻译和理解，一个客观的、不依赖语言的世界是否可以被客观反映出来等。这场争论旷日持久，其核心问题始终是外来文化翻译和理解对于语境的依赖性。它一方面涉及词汇翻译的语境化过程、分类以及如何包含异域文化的概念和行为方式。另一方面，这种语境化又不只局限于词汇和语言的转换过程。它要求译者要全面了解异域文化的思维方式和世界观。我们要翻译的不是“词汇”，而是要翻译一种认识世界的方法，这个世界是我们必须去理解和学习的。因此，翻译不应只服务于片面的、欧洲中心主义的理解方式，而更应该促进文化间的交流。为此，克利福德特别列举了传教士的例子，如法国传教士和民族学者莫里斯·利恩哈特 20 世纪初在新喀里多尼亚传教时，做了大量的翻译工作。

塔拉尔·阿萨德（Talal Asad）曾经向英国人类学家欧内斯特·盖尔纳（Ernest Gellner）的观点提出挑战。盖尔纳曾多次指责，功能主义社会人类学在翻译外国社会的话语时过于肯定和宽容，缺乏理性的批判和评价。由于语境阐释的方法和文化相对主义，外来思想被赋予了意义和关联性。英国人类学家和宗教学家戈弗雷·林哈德（Godfrey Lienhardt）的著作中就充分体现了这种文化翻译中的关联性原则。阿萨德认为，盖尔纳这种在人类学翻译中保持批判性距离的观点无益于研究分析异域思维结构，而只是追随西方合理性、客观性和逻辑性的标准。因此他对于这种狭隘的翻译观提出疑问。阿萨德认为，民族学翻译实践是一种存在于不平等社会之间的制度化的社会实践，民族学翻译本身受到权利结构和语言文化不平等性的影响。在他看来，这种保持距离的翻译论也受到语言不平等性的影响，这种不平等性主要体现在口语和书面语的差异以及第一世界和第三世界语言之间的权利落差。

二、对“文化即文本”理论的反思

阿萨德的批判也适用于另一个文化社会学翻译反思的主要观点，即“文化即文本”。该观点的主要持有者是克利福德·格尔茨。文化社会学研究主要依赖的是在“文化即文本”的背景下对于“原住民的观点”的翻译，也就是说，文化实践就像文本一样可以阅读和翻译。异域文化只有具备文本的地位才能变得客观。这样，在远离主观判断的情况下，文化意义被记录下来，并且固定在意义和文化内部自我阐释的社会体系之中。文化是一种由社会中全体成员共同编织的意义之网，通过这张意义之网，人类行为不断被翻译为具有阐释作用的符号与象征。文化符号学认为，文化是一种符号体系和文本结构。这样的视野凸显出文化的可译性，但同时也出现了对于文化整体性的疑问：不是整个文化而是象征、仪式和实践作为文化的意义载体进入人们的视野。在它们之上建立了一种翻译策略，这种策略通过重要的部分阐释并反映了文化的整体性。在这个节点上，以文本为导向的阐释性的文化社会学与文学理论和翻译研究中的所谓“人类学转向”相会合。

在文化人类学的发展中，对于语言的研究始终是其重要的组成部分。语言学家和人类学家罗杰·基辛（Roger Kissing）曾经反思过文化人类学中文化翻译的危险性，他从隐喻翻译的知识论难题着手研究。他认为，由于人们在会话中借用其他概念来谈论自己的某个体验区域（如情感），因此所有文化中的日常会话均渗透着各种传统的隐喻。这种所谓“隐喻性会话的整体”会引发这样一个危险，即人类学家赋予了异域文化的日常会话以更大的意义。原本是一种异域文化中的隐喻意义的表达，却被这些人类学家过度阐释，这样便会导致译者对文本的误解，甚至是“误译”。例如，译者在翻译过程中用名词取代源语中的动词，这样，一个充满动态与过程的世界就会被一个静态的实体世界所取代。或者译者把异域文化中丰富多彩的想象或观念仅仅局限在某个西方语言的概念之中。对于文化翻译困难性的分析以及对于“异域文化概念”可译性的质疑已经远远超出了自身的范畴。它们同时还扩大了文化人类学中的翻译观，即翻译不仅被视为理解的方式，而且还是一种“建设性误解”的过程。对文化人类学来说更大的挑战不是文化翻译的成功，而是它的失败。

三、翻译与表现

翻译是一种文化转换的模式。随着人类学研究中的语言学和社会学转向，对于文化人类学翻译策略的反思也经过了多次修正。它从文化理解和文本阐释层面转移到表现批判层面。20 世纪 80 年代兴起的所谓“书写文化争论”把人们的注意力转向了书写过程和修辞的表现手法。对于文化“原文”的忠实性讨论已退居次席，取而代之的是对于表达习俗、语言形象性、叙事方法以及异域文化所产生的历史与社会条件的讨论。民族志文本的创造者无法回避表现性的传喻、讽喻和隐喻。因此，当他们翻译的时候不得不对它们的意义进行选择和附会。因此，民族志的描写事实上成为具有独立文本地位的阐释性的翻译，它当中大量运用文学描述策略和会话策略，以及各种表达方法（如反讽、比喻等）。克利福德·格尔茨认为，这时没有精确的翻译，只有借代性的转换。这样，“通过民族志的翻译来传递纯正的异域文化”这一个普遍的观念无疑是错误的。19 世纪 80 年代的书写文化争论凸显了跨文化表现的问题。自此，人类学专著中的经验翻译成为一个很大的问题，正如文化翻译过程中的文化虚构过程一样。人类学实践自身被视为一种创造性的翻译过程，这个过程包括对于文化整体性的整合和创造，并且反映了跨文本所应具备的前提条件、表达的传统以及文化概念的变迁。翻译理论的人类学构想一直是一种所谓“独白式的表现”，后来从中产生了“对话人类学”，即通过与原住民的对话进行表现。它虽然没有给内在的文化整体赋予其文化意义，但是突出了多元视角翻译的必要性，这种翻译能够正确应对一种文化当中各种不同的，甚至是矛盾的声音。即便如此，对话式的翻译策略也无法消除文化间的权利不平衡以及民族志撰写中的选择垄断。相反，改变对于一种文化的理解对于民族志翻译理论构建具有更大的影响。以所谓“超越界限”为标志的一种新民族志重新定义了一些传统的核心概念，如“他者”“直接观察”和“文化翻译”等。这样，随着“书写文化争论”，民族学翻译理论也出现了新的变革。文化翻译在这里不只是局限于文字与文本，还包括语用学、言语行为和语言行为。挪威奥斯陆大学人类学教授乌妮·维坎（Winnie Wickham）对于一个明确的文化人类学翻译理论的构想就具有“超越词语”的目的。这样，文化翻译就不仅是词汇意义的转换，而且是应当介绍语言的使用和影响、行为主体的表达目的和非语言交际。与文化作为文本的观念不同，这里，主体间的意义生成和它与说话者意图的关联性得以强调。因此，欧洲民族学片面的翻译独断性就受到了质疑。

这种质疑起源于詹姆斯·克利福德（James Clifford）。他认为，即使以对话方式开展，民族志翻译始终包含翻译独断性。因为田野考察的具体经验被转化成为一种所谓的“独断性描述记录”。这个翻译过程体现的要么是观察的独断性，要么是表达方式的片面性。目前，在翻译独断论的视野中，文学翻译也被重新视为一种对于语言和文化的表达权利和支配权利。这种新的翻译观起源于爱德华·萨义德（Edward Said）的东方主义批判理论。这里，翻译学的观察角度已经转向了翻译的权利视角。

这种关于文化翻译和文本翻译权利关系的认识成为文化人类学和后殖民主义理论的结合点。在这个结合点上，民族志的翻译问题被赋予了政治意义，即所谓“（第三世界）文化翻译政策”。翻译对于权力的依赖性受到批判，同时要求第一世界的“强势语言”要在第三世界的“弱势语言”的影响下学会改变。这与德国思想家瓦尔特·本雅明（Walter Benjamin）和翻译家鲁道夫·潘维茨（Rudolf Panwitz）的翻译观一脉相承。后者认为，母语应该从外语中汲取灵感。

四、后殖民主义与翻译

后殖民主义翻译理论的理论基础是后殖民主义理论，它通过研究译文与历史条件之间的关系揭示译文背后源语和目的语文化之间的权力斗争和运作。[①]在西方翻译史上，翻译行为始终具有政治和文化政策意义，因为它涉及权利、殖民主义和语言的不平等性。文化人类学从两个层面对于翻译进行反思：一是来自经验研究的反思；二是基于知识论层面的反思。反思的出发点主要是殖民者和被殖民者之间的关系，当然还包括传教翻译，特别是欧洲殖民地中传教翻译家和民族志撰写者的相互利用的关系。在这个背景下，翻译行为被视为一种种族与性别的建构行为。

关注来自经验研究的反思的学者主要有三位。一是爱尔兰都柏林城市大学应用语言学与跨文化交际学教授迈克尔·克罗宁（Michael Cronin）。他关注的重点是欧洲内部的殖民主义及其对于语言的影响。他认为翻译是对于原住民语言的削减，如爱尔兰原住民语爱尔兰语和强势语言英语的关系。二是美国华盛顿大学东南亚历史学教授文森特·拉斐尔（Vincent Raphael）。他在研究了西班牙在菲律宾的殖民史后认为，翻译行为不是文字间的和谐转换，而是对于少数族裔和原住民语言的压制。三是美国康奈尔大学人类学教授詹姆斯·西格尔（James

① 王东风．翻译研究的后殖民视角［J］．中国翻译，2003（4）：3–8．

Siegel)。他主要研究了多语种国家（大多数超过上百种语言）文化内部的翻译过程。西格尔教授认为，同一文化内部的多语种翻译实际上减少了弱势语言的数量，并且形成语言等级制度。

知识论反思的切入点强调了交互翻译的重要性，也就是说，翻译不应该只是西方单方面学习异域文化的方式，而应该是各种文化相互影响的互动过程。传统意义上的翻译过程是以两种不同的话语为前提的，它们之间互为客体。而新的民族学则更强调话语的平等性和互文性，它放弃了传统的二分法思维，把两个不同的世界联系起来，并且支持在文化人类学的发展中回译民族志文本。

一种文化被接纳到另一种文化的过程中，翻译问题便会凸显出来。这不只表现在欧洲文化接受外来文化的过程中，而且也包括欧洲以外的文化在现代化过程中对于欧洲文化的接受。此时，翻译理论包括各种文化实践，而不只是思维方式。我们需要系统地考虑翻译西方社会实践活动话语的先决条件和后果，这些实践活动包括法律、银行体系、公共管理、教育等。话语转换会导致对于相应实践模式的接受，如日本社会对于欧洲社会模式的接受。在这种情况下，翻译成了进入世界文化的入场券。而这种发展不利的一面也引起了人们的反思。这种现象主要体现在对于跨民族翻译的文化抵抗性。所有的跨民族文化研究都必须进行翻译，这破坏了国与国之间的统一性。这样，重译与重写便成为反对殖民历史的方法。

全球化时代的翻译实践的特征是不同文化层面的重叠和转换。这样，文化就不再是一个封闭的传统和身份认同的因素了。文化不仅被翻译，而且还在翻译中得以建设。也就是说，文化可以被理解为翻译过程的组成部分或者结果，文化及其结构特征始终在被翻译。文化人类学和后殖民主义不仅注意到文化之间的差异，还注意到文化内部的差异。文化的这种翻译特征被称为“混合性”。翻译概念的重要性在于，它反映了文化概念已经变化成为一种协调文化差异的方法以及文化整合的过程。在后殖民主义的背景下，翻译逐渐成为文化人类学研究中的一个重要内容。在社会层面，翻译创造了不同文化之间进行交流的社会与政治条件，甚至包括一种文化内部不同社会族群的交流。翻译实践同时也激发了重新区分文化理解与文化比较的方法。在全球化和跨文化的大背景之下，文化人类学翻译理论有了新的出发点，即文化并非优先存在，而是通过文化接触逐渐定型。这种文化接触的区域被称为“文化差异翻译的第三空间”或者“跨文化间隙”。在方法论和知识论的层面上，克利福德·格尔茨认同“文化即翻译”的观念。他认为，文化人类学中的文化比较其实就是翻译过程。它所探寻的概念必须要有一个界定，至少不只是普遍化的西方文化意义。所谓的“翻译概念”是指一个偶然用来进行比较的具有普遍意义的词汇，如文化、旅游、艺术、社会、女性、现代性等。这些概念在其扩展意义上适用于文化比较。这些翻译概念不仅可以用来比较和区分差异，还能够使文化人类学具有跨学科文化研究的意义。

目前，文化翻译的地位不断提高，已经成为用来弥合全球化世界中文化差异的一种方式。爱德华·里奇（Edward Richie）在 20 世纪 70 年代就曾经提出要建立民族学翻译方法论：人类学家应当建立文化语言翻译的方法体系。在一个充满通信卫星和超声速飞机的越来越小的世界里，这样的工作十分重要，而且值得一做。里奇把翻译置于一个文化分级的地位。而如今，文化间的翻译更是一种“文化斡旋”。但是这个重要的任务并不能全部留给文化人类学去完成。目前重要的是在一个全球化的世界中进行“文化管理”，这个任务无法只由“文化翻译”来完成。

第二节 英语翻译中的跨文化视角转换与翻译

就英语翻译来讲，并非对语言进行简单的转化，而是要将文化内涵贯穿其中，这样才能保障英语翻译的准确性。因此，在具体翻译中，必须注重文化存在的差异性，且要善用文化差异做好英语翻译工作。基于此，本节将着重对英语翻译中的跨文化视角转换以及翻译技巧进行探讨。

视角转换指的是将文化背景的影响忽略，翻译者根据源语言的信息，然后利用角度转化的形式，让译文的最终表达形式与读者的习惯保持一致。从跨文化的视角转换来讲，主要有正反转换与虚实转换。其中正反转换是视角转换最为常用的一种形式，能够对汉语与英语进行有效转换。虚实转换大致就是将具体概括化，或者抽象概念具体化，在具体翻译中通过虚实转化的形式可以将语言特征带来的差异降到最低，从而提升翻译的准确性。因此，英语翻译中跨文化视角转化非常重要。

在很多方面，文化其实是影响着语言的，翻译的本质是要对语言进行转化，同样也可以将其看成是文化之间的交流。翻译要确保语言的准确性、客观性，因为优质的译文才能与读者的语言习惯保持一致。英语翻译包括语音翻译、词汇翻译、语法翻译等。广义的跨文化视角所涵盖的内容比较全面，而狭义的跨文化视角则注重的是从不同的视角进行转化从而表达同样的意思。在具体的翻译过程中，常用的策略有归化策略、异化策略，其中包含形象、虚实、正反、词类、修辞等方面的转换。

归化策略指的是将有差异性的语言转化成为读者习惯的译文，其目标是将当中的差异性降到最低，确保译文与原文的意思保持一致，并且还要确保译文符合读者的日常阅读习惯。归化方法具体有以下两点。

①人与人、人与物之间的视角转换。中西方生活习惯、文化背景有很大差异，在语言使用过程中，中国人通常会以“人”为主语，而英语通常是以“物”为主语。因此，在进行英语翻译时，应当充分考虑“人与物”之间的转换，从而确保人称对应的正确性。

②句式转换。句式转化指的是将英语的一些特殊句型反映成为符合读者习惯的中文句型。英语语言的句型很多，但是通过汉语进行表达，其句型相对是比较固定的，因此，在具体翻译时要将英语的一些句子转化成为正确、合理的汉语句型。

综上所述，随着经济全球化的深入，中国与各个国家的交流日益频繁，其中与以英语为母语的国家之间的文化、政治、经济方面的交流更为突出。因此，英语翻译是一项非常重要的工作，在翻译中注重准确性以及符合读者的阅读习惯是非常重要的，所以，在实际翻译中要善用各种有效的翻译策略，从而提升翻译的质量。

第三节　跨文化英语翻译中的语境

随着全球文化交流的日益增强，人们对语言的社会性研究也越发深入，语境对于语言研究的作用是不可替代的。翻译作为一种跨文化活动的承载介质，自然更要强调语境在翻译过程中的作用。本节主要从语言语境、文化语境以及情景语境来分析语境在英语翻译中所起的作用以及其应用路径。

人类学家在1932年提出了“语境”这一概念，使人们认识到要想了解一段语句的真实含义，需要考虑到很多方面，如使用者的身份以及说这段话时所处的情境，而不能只依靠语言本身所呈现出的字面意思。由此可见，如果没有语境，语言本身就会暗淡，就很难正确理解语言本身所表达的含义。在20世纪50年代，为了更好地开展工作，翻译这一行业就已经开始接触到“语境”这一概念。对于从事翻译的人来说，他们的主要工作内容就是要精确的理解还原文字的含义，因此在开展工作时，首要内容就是分析原文所处的背景环境，即语境。因此，一上来就拿着字典，比对着文章逐字逐句地机械性地翻译，是大错特错的，但是这却是很多学习者会犯的错误。要知道，文章承载了作者的情感与思想，如果翻译时不对此加以揣摩，那么就很难展现出原文的内涵意义与风采。只有结合语境，判断出其中的中心思想与文化内涵，才能为之后的翻译工作打下良好的基础。

一、语境在英语翻译中的作用

（一）定义与阐释词义

正如中国人也不可能认识所有的汉字一样，作为翻译者，也不可能完全掌握成千上万个的英语单词的确切含义。在遇到生僻词时，就可以结合文章的语境，去揣测这个单词所表达的具体含义。例如，“The theory to come out of knietics, was suggested by professor Bird Whistell, who suggested the body of movement.”意思是说“knietics”衍生出来的学说是“Bird Whistell”教师提出的“the study of body movement”，在翻译时，我们很难得知“knietics”的具体含义，但是却可以结合后面的内容“人体运动学说”来推测出来。在进行翻译时，阐释往往能够起到显著的作用，就好比我们常用的汉英词典，旨在让学习者能够轻易了解其中内容与含义，因此往往通俗易懂，利用简单易懂的单词、语句，去解释生僻、难以理解的单词或语句。

（二）使语句在互译中具有专一性

中国的汉字经常会出现一字多义或一词多义的现象，英文单词也是如此，有着多义性和异议性的特点，可见一个英文单词在不同语境下，能够表现出好几种不同的含义。但是这也给翻译工作带来了很大的阻碍与困扰，假若翻译者不能精准地揣测出文章的语境，那么很有可能翻译出来的内容的含义，与原文所表达的内涵出现很大的偏差，甚至是南辕北辙。如“He is a hard man.”这样一句话，可以翻译成“他是一个勤劳的男人”但也可以翻译成“他是一个不容易对付的男人”，因为hard有勤劳和不容易对付两种含义，由此会产生翻译上的偏差，从而出现错误。但是如果出现“He is a hard man to deal with.”那么就可以准确的明白这里“hard”所表示出的是不易对付的含义。

（三）影响词语的感情色彩

中国汉字博大精深，源远流长，极具魅力与特色，在不同语境下，所表达的情感也是不同的，而英语词汇也是如此，就好比打招呼的表达方式，有倾向于轻松愉悦的“Hey，guys.”也有偏向于正式化的“Hello，everybody.”两者同样是打招呼，但所处语境截然不同。

所以，翻译者要深入作者的内心世界，深刻理解文章所表达的内涵与作者赋予的附加价值，充分发挥语境的作用，完整呈现作者通过词句流露出来的情感与观念。

二、语境在英语翻译中的应用路径

（一）语言语境与词汇选择

失去了语境的语言，不再多姿多彩，而是变得暗淡无光，成为一种冷冰冰的符号。英国语言学家曾经表达过这样一个观点，每一个新单词在一个新语境的条件下，就会被赋予一种全新的含义。有了语境的词汇，才是活的、富有生机的、能够变化的，而失去了语境，这个词就只是一个单词、一个符号而已了。那么什么是语言环境呢？通常理解下，语言环境要联系上下文，包含内容广泛，从周边单词、句子、段落，到整个章节，甚至是整篇文章，这些一起构成语言环境。只有明确了语言环境，才能明确具体词汇的确切含义。就好比“好”这个含义，所能用的单词有很多，但是使用时，也有着些许差别。如我们想表达好孩子时，可以用“great”，形容天气好时，可以用“fine”，而形容好丈夫，则可以用“dutiful”来表示。虽然单词不同，但是都表达了“好”这个含义。所以，翻译者在进行翻译工作时，必须要结合语境来对同义的单词进行取舍，从而精确表达文章的内涵。

（二）文化语境与词汇选择

翻译者面对着中西方的文化差异，因此在进行翻译工作时，难免会发生两种文化之间的相互碰撞。所以翻译者在掌握两门语言的基础上更要了解两种文化，如此才能成为一名优秀的翻译工作者。语言诞生于文化，不同的文化背景下对于同一件事情的表达肯定也是不同的，如在日常生活中，我国在遇到熟人问好时常常说的是“你吃饭了吗”或者是“你要上哪去”，而西方则不会，一般一句“Hello”就可以表达问好的意思了。假若在翻译时，把问好翻译成“Do you have a meal？”或者“Where are you going？”那么不仅失去了应酬性的功能意义，而且会被认为是一种打探别人隐私的无礼行为。所以，要想真正领悟语言的含义，就必须对其背后的文化进行了解。

（三）情景语境和词汇选择

人物的活动离不开背景环境，二者不可拆分，人物活动不可独立存在，语言也是如此，每一个语言活动都有其特定的发生背景，即情境语境，并蕴含自身独特的感情与思想。由此可见，词汇并不是独立存在的，一方面由语言因素所决定，但更与语境息息相关。有这样一个例子，小说在描写主角情绪低落去散心时用的是“mope around”，而不是常见的“walk alone”，这是因为“mope around”侧重的是无精打采地游荡，而“walk alone”就只是单独地走着。结合主人公闷闷不乐的情绪，可以发现“mope around”更能体现出角色的无助与彷徨。

总而言之，在进行英语翻译工作时，结合语境是十分重要的一个步骤，广大的翻译工作者需要增强专业知识，提高文化素养，才能很好地分析原文的语境情境，否则就会造成翻译内容与原文之间的偏差，从而失去原文的风采与传播意义。

第四节　跨文化交际翻译中的“错位”现象

随着中国不断地繁荣昌盛，国力的日益增强，在国际上的影响力也在不断地提升。因此越来越多的国外游客与西方学者开始被我国灿烂的文化所折服，并表现出浓厚的兴趣。要知道，虽然汉语和英语分别是世界上使用人数最多和使用范围最广的两种语言，但是由于文化差异，在进行汉英互译的跨文化交流中，却常常出现“错位”的情况，因此通过分析比较经典的译文著作，归纳总结出一些解决“错位”现象的有效方法。

语言在反映文化的同时，也受到了文化的影响，它承载着文化，是文化中重要的组成部分。因为文化的差异性，汉语与英语之间也存在着许多的不同，因此在进行双语互译的跨文化交流时，“错位”就这样出现了。因此翻译工作者在进行两种语言间的信息交流与转换时，也要进行文化的转换。不同的民族对于历史性感受与同步性感受一般也存在着较大差异，所以，在不同的文化背景之下，人们对事物的看法也会采取不同的语言表达形式。

站在历史的角度上来看，在面对同一事物时古代人与现代人也存在着不一样的看法。因此，翻译工作者在进行跨文化交际翻译时，应该去了解“错位”，使用不同的方式方法修正错位，从而提高翻译的质量。总体来说，时空错位、身份错位、文化错位是跨文化交际翻译的错位现象中常见的三个方面。

一、时空错位

时空错位主要指的是古英语汉译和古汉语英译。在古汉语翻译中，最常见也是最典型的是对典籍进行的英译。中国典籍著作翻译难度大且复杂，常常面临着以下两方面的苦难。

（一）古汉语和现代英语的互译错位

中国大部分的典籍都是文言文，语境语义都比较复杂，因此翻译起来比较困难。翻译工作者要先将其转换为现代汉语，然后再译成英语，过程比较烦琐，导致很容易出现重要信息的丢失。例如：三国时期杰出政治家、军事家的诸葛亮，他的《诫子书》中有“淡泊明志，宁静致远”这句话，在翻译时如果拆分开来，分别进行英译。则“淡泊明志”译为“Live a simple life, showing one’s goal in life.”而“宁静致远”为“Fair and softly go far in a day.”但是在表达“淡泊明志，宁静致远”时，却不是单纯地将两句英文拼接起来，而是被翻译成了“Still waters run deep—to lead a quiet life.”或者是“Simple for explicating one’s ambition, quiet to go far.”这样，才能表现出这句话原本的内涵。

中国大量不同时代、不同文化特色的语言信息都蕴含在典籍当中，因此在翻译成英文时，必须要考虑不同国家、不同民族对于文化的认知与审美的差异性。

（二）古英语和现代汉语的互译错位

中国古代出现许多著名的哲学家，他们将自己宝贵的理念观点融入典籍当中，使典籍更加富有文学性与哲理性。但是这同时，也给现代的翻译工作带来一定的困难。翻译者需要绞尽脑汁，用英语去诠释这些哲学观点，并使其中的闪光点得以体现，这本身就十分考验翻译工作者的翻译功底。在英语不断地演进发展过程中，古英语与现代英语中的很多词汇在形式上也在发生着改变，因此在进行翻译时，要明确古英语的表现形式，从而提高译文水平。如果翻译工作者无法完全掌握英汉语言的不同特点，或者是没有具备古英语翻译的能力，那么就容易出现时空错位。同时，由于文化的不同，这种时空错位可能会表现在相关文化内涵词的“错用”上。

例如：Some of these phrases，perhaps，came down off Noah's Ark.

有些翻译工作者将其翻译为“也许，这些成语有的竟是从盘古开天地以来就已有的了。”这是错误的，因为“盘古开天辟地”是中国传统文化下的，西方传统文化下，并没有“盘古”，这就属于时空错位翻译了。因此，其正确翻译应该为“有些成语也许竟来自‘挪亚方舟’的远古时代。”

从上面的翻译对比可以看出，将“Noah's Ark”翻译成“盘古开天地”的时期，显得整句话都不伦不类了起来。要知道，语言编码受时空限制。无论英语还是汉语，不同地域、时代、民族、文化等都会影响语言本身，因此，要想提高译文的质量，提升自己的翻译水平，就必须对中西方语言中的时空信息进行合理的筛选与翻译。

二、身份错位

（一）人物身份错位

在翻译过程中，要避免人物的“身份错位”，因此翻译工作者切不可改变原文中人物的行为模式。如在进行中国古典文学作品翻译时，不要将其中的人物行为改变成西方人的行为举止。否则会影响不同文化之间的交流，也不利于进行跨文化交际。

（二）视角身份错位

在翻译时，翻译工作者不能用自己生活的文化背景去揣摩文章中的角色的生活方式，否则会造成“视角身份错位”。在面对一些具有文化内涵的文章时，翻译工作者要以不同的视角来变换处理对方的文化。如“馒头”这个词，有些人将其翻译为“steamed bread”或者“steamed bun”，这就造成视角身份错位，虽然译者能够理解其含义，但却在一定程度上影响了中国文化的传播。

（三）称呼错位

翻译工作者在进行跨文化交际翻译时，称呼的翻译是常常需要面对的一种情况，因此必须结合时代背景，来进行合乎情理的翻译。如随着近年来女权意识的提高，英语中很多有男权表达色彩的单词就要进行调整处理，“主席”这一单词，以前译为“chairman”，而现在就要被译为“chairperson”。

三、文化错位

翻译工作者在进行跨文化交际翻译时，也常遇到文化错位，主要表现在以下三个方面。

（一）文化误译

例1：Bill can be relied on；he eats no fish and plays the games.

由于文化的差异，对这句话进行直译，很容易将其翻译为“比尔为人可靠，一向不吃鱼，常玩游戏”。这是极其错误的翻译，这句话应该被翻译成“比尔为人可靠，既忠诚又守规矩”。这是因为“to eat no fish”并不是“不吃鱼”的意思，而“to play the game”也不是常见的“经常玩游戏”这个含义。这两句短语其实都出自英文典故，与宗教和文化习惯有关。

在英国伊丽莎白一世女王的统治期间，对英国国教的教义与仪式进行规定。一部分教徒拥护这项举措，于是不再遵守罗马天主教周五需要吃鱼的这项规定，所以“eat no fish”就逐渐演化成“忠诚”的含义，而这些“不吃鱼”的教徒，也被认为成是“忠诚的人”。而“play the game”本身是玩游戏的意思，但是在玩游戏时总是要遵守规定的，因此“play the game”也被赋予“必须守规矩”的含义。所以“比尔为人可靠，一向不吃鱼，常玩游戏”就变成了“比尔为人可靠，既忠诚又守规矩”。

例2：“You chicken！” He cried, looking at Tom with contempt.

有些人将其翻译成“他不屑地看着汤姆，喊道：‘你是个小鸡！’”这也是错误的。对于中国人来说，“chicken”这一个单词很容易就想到了“小鸡”这个含义，根本不会想到在英语文化中，这个单词常被用来形容“胆小怕事的人”。因为在中国传统文化下，只有“胆小如鼠”，而没有“胆小如鸡”这个概念。因此，这句话原本的意思应该是“他不屑地看着汤姆，喊道：‘你是个胆小鬼！’”

如“to talk horse”，不是“说马”而是“吹牛”；“to move heaven and earth”，不是“天翻地覆，惊天动地”，而是“千方百计，不遗余力”；“to gild the lily”也不是“装饰百合花”而是“画蛇添足”。在英文中还有很多类似的情况，翻译工作者在进行翻译时要把握住其中的深层内涵。

通过这些可以发现，翻译工作者在进行跨文化交际翻译时，应该结合对方文化背景，准确把握其中含义，进行灵活翻译，而不是机械地逐字逐句翻译，更不能望文生义。

（二）翻译空缺

在进行同一语言的交际时，都难以绝对准确，更何况是跨语言的交际。在英汉语言交际中，可以很明显地感觉到二者分属于不同的语系，因此在翻译时，很容易出现找不到对应表达或语义不对应的这种现象，在具有浓烈的地方特色方面就更是如此。因此，要想高质量地完成翻译工作，翻译工作者还面临着诸多挑战。

1.词汇空缺

不同语言间由于概念表达的不对应，而出现的相应词汇缺失的现象被称为“词汇空缺”。这往往与翻译工作者的生活方式、社会活动、所处自然环境和地理位置有关。例如，同样是表达“雪”这个概念，因纽特人衍生出十几种表示方法，有飘在空中的雪、落到地上的雪、融化的雪、坚硬如冰的雪等，而在英文中，就用一个“snow”就能代替了。

语言不是一成不变的，而是随着历史的发展、科技的进步而不断变化的，随着时代的前进，各种新式词汇也在不断地出现。就好比“sputnik”，是在 1957 年 10 月，第一颗人造地球卫星成功发射之后才出现的。在这之后，这个单词在世界各个国家的语言系统中出现了词汇空缺。

语言学家萨丕尔（Sapir）提出这样一个观点，语言不能脱离文化，也无法脱离世代所传承的社会信念和行为习惯。中国，作为历史悠久的文明古国，经历了几千年的文化传承，有着自己一套独特且严密的宗法体系，表现在长幼有序、男女有别，在远近亲疏的血缘关系上面更是表现得比较明显，因此中国式的家庭结构往往比较严密。相反，在英美等国家，宗法不是很明显，家庭结构也比较松散。由于这样不同的文化环境，在翻译涉及亲属的相关词汇时，英语体系下就很容易出现词汇空缺的现象。所以，翻译工作者要想翻译出优秀的作品，就必须认真揣测词汇空缺下的文化冲突，并予以足够的重视。

2. 语义空缺

语义空缺指的是在不同语言中，表达同一种概念的词语从表面上来看含义一致，但背后所蕴含的文化内涵却有着根本上的差别。无论是英语还是汉语，都有许多色彩词，在大多数情况下，相对应色彩表示的含义是相同的，但也有例外，如“a black sheep”表示的是“害群之马”，而不是“黑羊”。

语义空缺的另一种表现，是语义涵盖面的不重合。在不同语言中，因为语言使用者、使用场合的不同，同一概念的词语往往会蕴含不同的含义。例如，汉语中的“花”常和英语中的“flower”对应，但是在具体的使用过程中，却大相径庭。汉语里的“花”有时会用作动词，来表示“花费”“花钱”的意思，而英语中却没有这层含义，“flower”除了名词状态的“花朵”之外，用作动词时，有着“旺盛”“开花”“用花点缀、装饰”等含义。由此可见，二者之间有着很大的差别。

因此，在进行跨文化交际翻译时，翻译工作者要精准掌握这些存在语义空缺情况的词语，并对其深层含义进行深入了解。

（三）文化欠额

文化欠额翻译在英国著名翻译家纽马克的定义下指的是在翻译中零传输或者部分传输了源语文化环境中的内涵信息的现象，也就是翻译出来的文章内容所传递的文化信息量比原文的文化信息量要小。要知道，语言承载了一定的文化信息量，如果翻译时，出现文化欠额现象，对文化信息的传输不完整，就会影响到翻译作品的质量。

例如：做中人的卫老婆子带她进来了，头上扎着白头绳，乌裙……年纪大约二十六七……（鲁迅《祝福》）

接下来对以下两种译文方式进行对比。

译文1：Old Mrs.Wei the go-between brought her along.She had a white band round her hair and was wearing a black skirt…Her age was about twenty-six…

译文2：Auntie Wei, who is a go-between, brought her along.She had a white mourning cord around her hair and was wearing a black apron…Her age was about twenty-six…

在中国，具有严格的宗法制度，并对个人与社会产生了很大的影响力。在中国，姓氏被看得非常重要，作为所属宗族的体现，女子即使是出嫁也不能改变，而在西方，女子出嫁虽然可以不改名，但要把姓氏改为夫姓。因此，结合中国的文化传统，原文中的“卫老婆子”的“卫”，是自己宗族的姓氏，而不是所嫁夫家的姓氏。因此，译文1中的“Mrs.Wei”，显然是不正确的。

根据中国的传统文化，妻子在丈夫去世之后，应当为其守孝，并佩戴白头绳。但是由于经济条件的限制，很多穷苦人家没钱买质地优良的白头绳，而是用棉质的丝线扭成简易的、廉价的线绳。原文中的“她”家境贫寒，因此所佩戴的就是这种做工粗糙、价格低廉的“白头绳”。在译文1中，“a white band”就只是“白色头绳”的含义，既没有体现出“丧夫”这一背景，又没有体现出其贫困的家境和较低的社会地位。而之后的“乌裙”，直接按照其字面含义，翻译成“black skirt”看似没有什么问题，但是，要知道“skirt”虽然在英文中表示裙子，但是在中国文化中，服饰映射了明显的社会等级地位，原文中“她”是在丧夫后去做佣人的，因此用“skirt”就不太合适了。结合她的社会地位和工作性质，可以推测出她所穿的“裙”应该属于一种套在自己衣服外的工作服，以免弄脏衣物。从这个角度上来讲，英文中的“apron”更能体现出这一层含义。

由此可见，译文1没有准确传达原文背后的文化内涵，所传递的文化信息不完整。而译文 2，既传达了其中的文化内涵，又完整展现出来了原本的故事情节。

在进行跨文化交际翻译时，文化信息量越大，文化信息欠额就越小，呈反比例关系。因此，翻译工作者在传达字面含义的同时，也要体现出其背后的文化内涵，以此才能将文化信息欠额最小化。

例如：银川是宁夏回族自治区的首府，位于宁夏回族自治区中心。从明清以来，它就是伊斯兰教在西北部的居住地和传播中心。

译文：Honored as a smaller Mecca，Yinchuan，the capital of Ningxia Hui Autonomous Region，is located in central Ningxia Province.Since the Ming and Qing Dynasties，Yinchuan has been a place for Moslems to live and a center of Islamic education in the Northwest.

这段翻译十分精妙，没有对原文进行逐字逐句的直译，而是采用绝妙的手法，将银川比作伊斯兰教中最神圣的城市——麦加，以此来体现银川在中国穆斯林心目中的神圣地位。从而使文化信息欠额大大减小。

综上所述，“错位”现象在跨文化交流中英语与汉语通过互译进行信息转换时经常出现，为此翻译工作者要针对两种语言或使用这两种语言的个人或群体之间的差异，来充分考虑到时空错位现象、身份错位现象以及文化错位现象；要结合语境与文化背景，把握原文含义，筛选处理好时空信息，运用巧妙的翻译技能，将文化信息欠额最小化。翻译工作者不仅要传达原文字面意思，更要融合其所蕴含的文化内涵，提升自身翻译水平，提高译文质量，达到“信”“达”“雅”的要求。

第五节　认知角度与隐喻的跨文化翻译

隐喻，是一种能够折射出民族精神和文化内涵的认知思维方式。以认知为角度，讨论研究隐喻的跨文化翻译，可以有效提高翻译工作者的翻译技能水平。在这里，我们以杨宪益、戴乃迭夫妇和大卫·霍克斯（David Hawkes）英译本的《红楼梦》中的隐喻翻译为例，进行具体的分析比较，来探讨隐喻的翻译策略。

关于隐喻的研究，也历经了很多年，并有许多学者为此作出了贡献。按照方法和范围来看，隐喻的研究发展大概可以分为三个时期：第一，公元前 300 年到 20 世纪 30 年代。在这期间主要从修辞学的角度来研究隐喻；第二，20 世纪 30

年代到20世纪70年代，主要从语义学角度来进行研究；第三，20世纪70年代至今，从翻译学、认知心理学、外语教学甚至是人工智能等方面进行研究，呈现出多元化、多角度、多层次的态势。当前，对于隐喻的研究仍旧以认知语言学为主，并体现出了其旺盛的生命力与活力。尤其是1980年《我们赖以生存的隐喻》的出版发行，更是使关于隐喻的研究得到了根本性的变革。该书是被誉为认知语言学奠基人的拉考夫和哲学家约翰逊一起编撰发行的，在书中，他们系统地阐述了隐喻的本质与工作机制，指出其本质就是一种认知现象，是两个不同的语义领域之间的互动交流。

为了使目的语读者能够精确理解、捕捉到原文的内涵，翻译工作者需要在隐喻的跨文化翻译过程中，对文章内容进行忠实的重现，同时更要考虑到隐喻在来源语中的信息传达和文化内涵。因此，隐喻翻译的难点与热点，就在于如何去实现隐喻的等值翻译。《红楼梦》是我国四大名著之一，既有着强烈的民族文化色彩，又彰显了博大精深的中国传统文化，因此十分适合进行关于隐喻的探讨与研究，在这里，以中国著名翻译家杨宪益、戴乃迭夫妇和英国著名汉学家大卫・霍克斯的英译本《红楼梦》（以下简称为“霍译”和“杨译”）为例，以其中的隐喻翻译为研究分析对象，结合纽马克的隐喻翻译策略，进行具体的对比分析，从而探讨隐喻翻译策略。

一、隐喻的认知观

从结构上来看，隐喻可以分为两类分别是为人们所熟知的比较具体化的始源域与难以理解的比较抽象的目标域。通过建构意象图式，为了帮助读者利用始源域来了解目标域，隐喻形成从始源域到目标域的映射。常见的“时间就是金钱”这句话，就是常见的隐喻，以此为例，用英语可以说“Time is money.”其中，“money”所代表的就是始源域，而“time”则作为目标域。按照始源域与目标域的特点，可以发现，读者对始源域更加地清楚与了解，“money”比较具象化，可以花费，有着一定的价值，而作为目标域的“time”就比较抽象了，看不见也摸不着，但是在“Time is money.”这里，始源域“money”的特征被投射到目标域“time”当中，因此“time”也被赋予了价值，和“money”一样，也能够被使用、花费乃至浪费。

总而言之，隐喻就是以经验为基础，在不同的认知域之间进行映射，把始源域结构特点投射到目标域上，借助人们所熟知的、具象化的东西去感知理解陌生且抽象的、难以理解的东西。

二、隐喻翻译的认知策略

（一）隐喻的对等映射

地球作为全体人类生活的家园，给人类带来的外部条件体验往往是类似的，例如相似的气候变化、相似的生态环境和相似的基本需求，哪怕不同国家、不同民族所生活的地域不同，所经历的历史文化发展不同、社会生活环境不同，但是在探索客观世界的过程中，却往往能够获得相类似的认知理解与体验。无论是亚洲人、欧洲人还是非洲人，无论肤色如何，人类的身体构造和感官等生理基础都是相类似的，因此在嗅觉、触觉、视觉、听觉、味觉等感官体验方面，很容易产生相类似的情感认知，并引起共鸣。沈家煊，我国著名的语言学家，曾表达这样一个观点："人同此心，心同此理，人的认知心理不仅古今相通，而且中外相通。"[①]在认知语言学中，有这样一个观点，语言以认知为前提，是人通过认知与客观世界相互作用的结果。由此可见，人的认知心理，才是不同民族之间的语言共性，而非语言形式。而人类之间相似的认知心理，才是跨文化的隐喻能够进行翻译的基础性前提条件，假使不同国家不同民族的认知心理不同，那么就无法进行跨文化下的隐喻翻译了。

以《红楼梦》中的隐喻为例：

例：树倒猢狲散。

杨译：Tree falls and the monkeys scatter.

霍译：When the tree falls, the monkeys scatter.

例：瘦死的骆驼比马大。

杨译：A starved camel is bigger than a horse.

霍译：A starved camel is bigger than a fat horse.

在中国文化中，常常用这两句话来表现人陷入困境时的生存状态，是一种基

① 潘妍．沈家煊笔下的认知语言学[J]. 普洱学院学报，2014，30（1）：98-101.

于人们相似的认知与体验的描述，因此很容易就能引起共鸣，从而达到认知心理的认同。而且，在中西方的文化意象当中，“马”“骆驼”和“猢狲”（也就是猴子）在外形特点上没有大的不同，因此可以理解为，在这个层面上，始源域与目标域之间的文化是有一部分的重叠的。基于这种情况，就可以用直译的这种方法来进行翻译了。直译法虽然看起来简单，但其并没有想象中的那样单调，这种方法也有着自身的很多优点，一方面可以尽量保留源语的原汁原味，尽量少的流失掉其中的文化特色，另一方面，还可以使目的语的文化得到丰富与发展。

（二）隐喻的归化映射

不同的国家与民族，其历史文化、社会生活、地理环境、宗教信仰、价值观、思维方式以及相关风俗都是不同的，因此语言所表达的内涵也不甚相同，而隐喻也是这样的。基于这些差异，隐喻又该如何进行翻译呢？笔者认为，归化映射是翻译工作者应该首先进行考虑的方式方法，即使用与目的语社会文化环境特点相符合的始源域的相关概念，来映射出源语中的抽象的概念。通过这种操作，使源语隐喻的表达内容与形式意义得以表现出来。通过归化映射，可以使目的语的读者更能够体会到源语读者的心理认知，从而实现二者之间的最大程度的等效翻译。

例：谋事在人，成事在天。

杨译：Man proposes，Heaven disposes.

霍译：Man proposes，God disposes.

站在宗教与文化的角度，“Heaven”要比“God”更贴合中国文化特色。这是因为，中国人不仅口头上常挂着“我的天啊！”而且连古语中都有相关记录，如“天行健，君子以自强不息”“天将降大任于是人也”等，可见中国人的“天”文化也是很有历史渊源的。而“God”是基督教信奉的上帝，西方人在表示惊讶时会大喊：“Oh，my god！”祈求保佑时也会说：“God bless me！”，而中国人就不会这么说。西方有谚语“God help those who help themselves.”即自助者天助，就可以体现出，“God”更贴合西方人的心理认知。因此，在进行《红楼梦》的英译时，霍克斯版本的翻译将“天”译成“God”，更易于被西方读者接受，也更适合其价值观、思维方式以及宗教观念。

例：巧媳妇难为无米之炊。

杨译：Even the cleverest housewife can't cook a meal without rice.

霍译：Even the cleverest housewife can't make bread without flour.

这句话的翻译就涉及中西方不同的饮食习惯了。对于中国人来说，“rice”（米）“meal”（饭）是更加贴合自身生活习惯的，这些是中国人的日常饮食，但是西方人却没有这种饮食习惯，他们的主食更多的是“bread”（面包）“flour”（面粉），反而很少吃“rice”和“meal”。因此，如果进行直译，就会让西方读者产生误解与困惑，翻译成“bread”和“flour”则更能被他们接受。

通过以上几个例子可以发现，霍克斯充分考虑中西方之间的文化差异，以目的语文化为归宿，采用“归化”的翻译方式，来照顾到西方人的理解与认知。而杨宪益和戴乃迭夫妇的翻译，则是采用了“异化”的方法，以源语文化为归宿，其目的是希望将中国博大精深的传统文化完完全全地传播给西方读者。“归化”与“异化”都是很好的翻译方法，不能说谁比谁更强，与文体效果也没有直接的联系。作者认为，假若源语与目的语之间的文化差异特别大，那么“异化”翻译就会对目的语读者造成困扰与误解，使用“归化”映射效果要更好。由此，原文中的隐喻内涵与表现形式就能够在翻译中得以重现，与此同时，译文的行文方式也符合目的语国家的表达习惯与文化特色，读者也能因此收获与原文读者类似的心理体验。

（三）隐喻映射的移植

基于不同文化认知的错位与缺失，两种文化系统下的隐喻很难在彼此那里找到相互对应的类似的隐喻。在汉语体系当中，有很多隐喻性的成语、俚语、俗语、谚语、典故甚至是神话故事，这些都有着各自独特的文化背景与内涵，而在目的语上，就是一种文化认知上的缺失。那么，对于这一种类型的隐喻的翻译，就不能墨守成规，固定某一类翻译技巧，而是要根据情况的不同，采取不同的方法策略。

1. 直译加注法

要想在最大限度上保留源语隐喻的形象，使用直译法可以实现这个目的。但是中西方的文化差异较大，在汉语中的很多隐喻性的成语、俚语、俗语、谚语、典故等，在英语体系下几乎无法找到与之对应的类似的隐喻。因此想要呈现出隐喻的艺术价值与文化内涵，几乎是难上加难。这时，采用直译加注法，一方面使源语隐喻喻体的形象得以完整保留，另一方面也可以使其内涵和艺术形象得到完美呈现，使目的语读者得以领略。所以可以看出，直译加注法是一种两全其美的好方法。

例：心较比干多一窍，病如西子胜三分。

杨译：She looked more sensitive than Pika, more delicate than Hsi Shih.

Pika：A prince noted for his great intelligence at the end of the Shang Dynasty.

Hsi Shih：A famous beauty of the ancient kingdom of Yueh.

“比干”，商朝著名的丞相；“西子”，即西施，中国古代四大美女之一，有“沉鱼”之美貌。二者都是中国古代特有的人物。直译加注法在保留了“比干”“西施”的形象基础上，又加以注释，不仅让西方读者能够有一个直观的体验，而且通过注释内容，理解了其中的内涵，真可谓是一举两得。

2. 隐喻转明喻

例：滴不尽相思血泪抛红豆。

杨译：Like drops of blood fall endless tears of longing.

霍译：Still weeping tears of blood about our separation.Little red love-beans of my desolation.

杨宪益和戴乃迭夫妇通过明喻将隐喻进行转换，完美还原了“泪水”这一意象，霍克斯将隐喻转为明喻，直译为“血泪”，再现了隐喻的意象“泪水”，属于一种隐喻的移植。

3. 隐喻转化成喻底

例：儿命已入黄泉，

天伦啊，须要退步抽身早！

霍译：

I that now am but a shade, Parents dear,

For your happiness I fear, Do not tempt the hand of fate！ Draw back, draw back, before it is too late!

"黄泉"也是中国特有的一种表达方式，西方读者很难理解其真正所表达的含义与寓意。因此霍克斯直接用"a shade"（影子）将这个意象进行转变，以此来揭示隐喻的喻底，从而实现深层内涵的统一。

4. 省略

例：蛾眉颦笑兮，将言而未语；莲步乍移兮，将止而欲行。

霍译：A half-incipient look of pique, Says she would speak, yet would not speak; While her feet, with the same irresolution, Would halt, yet would not interrupt their motion.

在中国古代，在描写美女美丽的细长弯眉时，常用"峨眉"来形容，原指代的是蛾弯曲细长的触角。而在形容美女纤纤玉足时，则常用"莲步"，来体现其走路婀娜娇羞的姿态。以中国人的视角来看，很容易就能领略到其中的美好，但是西方人却难以接受这些审美标准。因此，考虑到这种文化审美方面的差异性，霍克斯就省略了"峨眉"与"莲步"，直接用语言描述去体现出女子的美丽与婀娜。

（四）隐喻映射的变异

喻体折射出的隐喻含义随着文化认知的不同而产生不同的变化，哪怕双方喻体意象相同，但文化体系的不同，其表达出来的含义也大相径庭。中国与西方处于不同的文化体系，因此这种情况十分明显。

例：(北静王）见他语言清楚，谈吐有致，一面又向贾政笑道："……非小王在世翁面前唐突，将来'雏凤清于老凤声'，未可量也。"

霍译：The prince observed to Jia Zheng… "I trust I shall not offend you by saying so to your face," he said, "but I venture to prophesy that this fledgling of yours will one day 'sing sweeter than the parent bird'."

中国古代神话当中的百鸟之王，被称为"凤"，在远古的图腾时代就被视为神鸟而受到崇拜，后被用来象征着吉祥、和平、祥瑞与美好，比喻有圣德之人。"雏"意味着小，幼年，"雏凤"，即幼小的凤，在这里指代英俊的少年。这句话的含义是，北静王赞叹贾宝玉如"雏凤"一般，是个优秀的美少年，青出于蓝而胜于蓝，前途一片光明，难以限量。而在西方神话中，凤凰在宗教观念当中，却用来表达“再生”。这是因为凤凰在西方神话中又被称为“火鸟”或“不死鸟”。相传，在凤凰死后，身上会燃起大火，之后在熊熊烈火中获得新生，并得到更强大的生命力。这就是“凤凰涅槃”。由此反复，凤凰便得以永生。

鉴于这种文化差异，霍克斯采用意译的方式，用笼统的“bird”来指代“凤”。所谓意译，就是根据大概的意思进行翻译，而不是逐字逐句地翻译。在进行意译时，需要保留主旨，而喻体的意象，则可以视情况进行舍弃。以此体现出目的语的语言文化，有利于目的语读者进行体会。

翻译工作者在进行隐喻翻译时，要结合情境的不同来使用不同的方法策略，这是因为，隐喻是一种思维认知方式，处于不同文化环境、不同社会生活条件下的人，对于隐喻的深层含义的感知也是不一样的。所以，翻译工作者应该在了解源语背景文化，理解认知特点和深层内涵的情况下，也要对目的语加以了解。在翻译时，不能只考虑源语自身的文化特点，也要将目的语读者的接受力纳入考虑范围之内。灵活运用各种翻译技巧，缩小不同语言文化的差异，从而实现最大程度的等效翻译，以进行文化传播与思想交流。

第六节　关联理论与隐喻的跨文化翻译

一、中英语言中的隐喻共性

隐喻是一种映射关系，存在于不同的概念域当中。人们要想了解目标域里的知识结构，可以通过源域进行映射，这是因为这两种概念域当中的事物是存在着对应的关系的。在人类社会条件下，不同国家与民族的语言概念域具有一定的“共质性”，这是因为人类拥有着类似的赖以生存的生态环境与大自然，并且生理特性也没有什么太大的差异。正因为这种“共质性”的存在，才使得英语汉语的隐喻能够相互理解，并且在彼此当中能够找到很多相类似的隐喻。

（一）文化间的同化与吸收

隐喻以认知为基础，但同时也以社会文化为基础，即隐喻是建立在社会基础之上的。因此，不同社会背景下的人面对隐喻，其看法也是不同的。所以，要先研究隐喻，就必须结合认知因素与社会文化因素，否则便难以真正理解其内涵。文化的发展与传播遵循着以下规律：在一个特定的区域内，诞生出了特定的文化，这种文化逐渐发展乃至成熟，之后便被传播到其他的区域内，进而被其他区域所接受、融合、同化。自 20 世纪末以来，经济迅速发展，国家之间的交流不断加强，也进一步促进了文化的融合。随着时代的发展，中国汉语在表达时出现了很多英语里的表达方式，如“crocodile’ s tears”（鳄鱼的眼泪）、“armed to the teeth”（武装到牙齿）等。但文化都是相互影响交融的，汉语中的词汇，也融入英语当中，如“纸老虎”（the paper tiger）、“丢脸”（lose one’s face）等。

隐喻是文化的组成部分，因此社会文化在一定程度上可以影响到隐喻的认知结构。汉语与英语正在逐渐融合，走向趋同，从汉语英语当中出现大量的类似甚至是相同的隐喻就能够看出来，而这种现象，也进一步印证了英语汉语之间具有着隐喻的共质性。

（二）地域间文化的共性

很多文化的诞生都几乎在同一时间发生，并存在于不同的地域当中，这是因为无论人们赖以生存的自然环境和地域环境如何，他们都需要生存，这种生存需求、情感需求以及生活方式是非常类似的。受此影响，不同的地域文化和思维方式是有“集合”的，即“文化共核”。语言扎根于文化，因而文化的相似性也就导致了在不同的语言体系中存在着许多相似、对等或相对应的成分。用隐喻来表达情感，这种现象常出现在英语体系与汉语体系当中。如“anger”在英语和汉语当中，其基本隐喻概念是相同的，哪怕在表达方式上有着一定的区别。如“flame of anger”，在汉语中也有与之对应的“火冒三丈”“怒火中烧”等。由此可见，语言间是存在着共性的，有着相类似的关于情感体验方面的隐喻性表达。另外，用钢铁比喻坚硬、用狐狸代表狡猾、用羊表示温顺，这些都是英语汉语当中相类似的存在。同时，两种语言在谚语上的表达也有相似之处，如大海捞针（look for a needle in a haystack）、火上浇油（add fuel to the fire）等。由此可见，哪怕人们所生活的自然环境与地域环境不同，也往往具有着相似的文化共核。

（三）方位性隐喻概念的共性

以空间方位为参照，进而组建的一系列隐喻概念，被称为“方位隐喻”。人们常常用指代空间关系的词语来喻指一些比较抽象的概念，如时间、关系、过程等，这是因为人们的最初感知，就是从自身所处的空间环境和自身运动状态开始的，随着认知和语言的发展，于是逐渐形成这种概念隐喻的认知。例如，在中英文环境下的人们常常用类似于“前后”（forward，backward）、“高低”（high，low）、“上下”（up，down）来表示感受，使之与社会现状或个人感受联系在一起。

例1：“I was feeling a little down this morning，” said Corporal Daniels after reading a letter from his girlfriend，“so now I am back up.”

译文：下士丹尼尔斯在读完女朋友的来信后说道：“今天早上我觉得很郁闷，但现在又重新振作起来了。”

例2：The government should take the opportunity of demanding a more forward looking attitude.

译文：政府应利用这一时机要求一个更有远见的态度。

例3：The backward place has changed into an industrial centre.

译文：那落后的地方变成工业中心。

在汉语中，我们通过隐喻转换，经常用“上”“高”“升”等来表达成就、荣耀、权力等具有象征性意义的词语，与之对应的“下”“低”“落”，也就有了沉沦、低贱、堕落、失落、衰亡等含义。如“高尚、前进、高歌、上层、低沉、下贱、落魄、后退”等。而在英语体系当中，也是如此，用“up”“high”“forward”来表达肯定与积极，而用“down”“low”“backward”表达消极与否定。

二、中英语言中的隐喻差异

隐喻是以社会文化为基础的，这个是乔治·莱考夫（George Lakoff）的观点之一。众所周知，不同的民族其文化也是大相径庭的，但是不同的文化也不是完全割裂的，既有着各自的特色个性，又有着彼此之间的共性。鉴于不同民族之间，其生存环境的不同，因而导致社会文化与物质文化产生了差异，继而使人们形成差异性的认知与观点，通过不同的方式与角度来感受现实社会中所发生的一切。这是这种具有差异性的认知模式与思维方式，才进一步造成英语汉语当中的差异性的隐喻概念。

（一）文化差异

隐喻通过“相似联想”来对本体进行设喻，因此不同的文化背景下人们的联想也是不同的。在隐喻中，经常可以反映出历史的文化背景和传统的文化观念，就比如在英语文化当中，以“dog”为喻体的隐喻常常是褒义词，如“an old dog”（经验丰富的人）、“lucky dog”（幸运儿）、“jolly dog”（快乐的人）等，狗被冠以忠诚的理念，在英语体系下被众人所喜爱。然而中国文化却与此相反，有“狼心狗肺”“狗仗人势”“狗嘴里吐不出象牙”等贬义词，这是因为在中国文化中，常常认为狗是一种讨人嫌的动物，因此对其进行贬抑。在英语和汉语体系中，同样含义相反的还有“龙”这个词。中华民族认为自己是龙的传人，在传统文化中“龙”常常蕴含大富大贵、吉祥如意的含义。但是，对于西方人来说，“dragon”是残酷的怪物，象征着邪恶与黑暗，因而常常形容凶狠恶毒的人。西方人眼中的“dragon”与中国人眼中的“龙”概念截然不同，文化含义也南辕北辙，由此衍生出的“the old dragon”（撒旦，魔鬼）和“dragon's teeth”（相互争斗的根源），都是这种文化现象的体现。

（二）思维方式与审美差异

隐喻是一种对于语言的修辞手法，但也同样体现了一种思维模式，通过将“联系”作为心理基础，从而将不同的事物之间的相似特征进行联系。中西方对于颜色和自然事物的隐喻都很丰富，但又因为文化差异以及思维方式、审美价值观的不同，因而产生了各自不同的特点。如“红眼病”在汉语当中，常被用来形容嫉妒别人的人，但是在英语当中，这种人却用“green-eyed”来形容。又比如，汉语中常用“梅兰竹菊”来赞誉人们高尚的品格、淡雅的品性、正直的品格与坚忍的内心，因此这四种植物也被称为“四君子”。但是由于思维模式与宇宙观的不同，这种联想是不可能出现在西方文化体系当中的，反而他们更加喜欢用宇宙、星体之类的自然事物来对一些感受进行隐喻。如“After hearing the news, he was walking on air”（高兴得不得了）和“I feel I am in heaven.”（快活极了）。

对于这种类似的情感，中国人倾向于用身体部位或与身体有关的东西进行表达，如咬牙切齿、肝肠寸断、恨之入骨、七窍生烟等。在西方人看来，世间万物都是相互对立的，并喜欢以自然事物为认知对象，将世界的本原和宇宙事物与自己的情感相连接，认为只有认识自然，才能把握自然；只有探索自然，才能征服自然。

三、关联理论下的隐喻翻译

在交际过程中，对于话语性质的理解和沟通的经过可以看作是一场明示到推理过程，说话人为明示，而听话人为推理。换种表达方式就是说话的人明示自己的意图，通过语言的形式传递给听话的人，而听话的人则依据其所给的信息与沟通的意图，来推测出其真实用意，继而产生一系列的语境假设，这就是关联理论下的隐喻翻译。在关联理论当中，认为关联性就是和对应语境相关的，在这种语境之下所产生的对某种语境效果的假设。语境的效果和推理的努力程度，决定着关联性的强弱，语境效果越好，推理所需要付出的努力就会相应变小，那么其关联性就会越强，反之则变弱。

（一）隐喻的翻译

威尔逊（Wilson）和斯珀伯（Sperber）认为，语境是一个变项，是一个动态的过程，但是关联，却是一种必然性的常项。在该理论当中，听者根据自己的认知，所进行的一系列的假设构成了语境，然后听者依赖这种语境，根据关联原则进行推理和思辨，以从新旧知识当中推理出说话者的真实意图。隐喻是一种语言现象，因此它的内在含义也依附着语境所提供的信息。要想判断一个词语或者句子是否有隐喻作用，就必须将它放在语境当中进行考虑，而不是孤立地进行理解。因为，伴随着语境环境的不同，相同的词或者句子，可以是隐喻的，也可以是非隐喻的。所以，要根据关联理论，使用不同的翻译策略来对隐喻进行本质上的分析理解，从而处理好英语汉语当中的隐喻现象。

（二）翻译策略

1．直译

在英语和汉语当中，隐喻常常有着极高的相似之处，这是因为其本质上的同质性与共性所导致的。在隐喻翻译当中，其核心概念是“对等”，因此翻译工作者在进行翻译时要最大程度地使语言形式与源语相匹配，在语言形式相似且认知方式相同时，这种类型的隐喻就可以通过直译的方法来进行传递了，并以此来使形象和含义保持对等。例如，在英语中的“Blood is thicker than water.”（血浓于水）和“All roads lead to Rome.”（条条大路通罗马）都是采用直译的方式来进行翻译的。

2. 意译

有些隐喻形象是不可以进行直接翻译的，否则显得不伦不类，会让读者觉得很奇怪，而这，就源于不同语言文化下的隐喻的异质性了。在这种情况下，继续保留原文形象就走不通了，就只能进行舍弃，从而忠实原文的含义。如“That theory doesn't hold water”看起来就难以理解，因为这里面的“hold water”，是一种动词性的隐喻，可以引申为“be capable of standing up to examination or testing”，即经得起验证。所以，这句话的真实含义是“那个理论站不住脚”。与此类似的还有“Don't let the cat out of the bag.”与“cat”和“bag”无关，其所表达的真实含义为“不要泄露秘密”。

3. 直译、意译相结合

直译和意译都是很好的翻译手法，有着各自的优缺点。在进行英语和汉语的隐喻互译时，有些情况下直译难以达意，而意译则难以传神，因此可以采用两者相结合的方式，来使句子的翻译达到“神形兼备”的水平。在关联理论的翻译观念下，翻译除了要考虑源语和目的语之间的转换形式，还要兼顾目的语读者的体会与感受，并与源语读者进行对比。为了让目的语读者更加容易接受翻译内容，翻译工作者需要参照最佳关联原则，让读者更加轻易地获取最好的语境效果，从而将源语当中的“陌生性”程度降到最低。

例：我们有些同志喜欢写长文章，但是没有内容，真是“懒婆娘的裹脚布，又臭又长。”

译文：Some of our comrades love to write long articles with no substance, very much like the foot bindings of a slattern long as well as smelly.

“裹脚”，是我国封建时期的旧习俗，是一种糟粕，在汉语言体系下的人们很容易就能够理解其中蕴含的意味，但是对于从来没有了解过“裹脚”的西方人来说，就很难对原句进行合理的分析理解了。他们难以在“缺乏内容的长文章”和“裹脚”当中寻找到关联性，更别提二者相似的“又臭又长”这一特点了。因而，在翻译过程中，使用“like”来明示读者，帮助读者轻松建立本体、喻体之间的最佳联系，同时用“long as well as smelly”进一步加以明示，使直译意译相结合，从而让读者获得生动形象的体验。

隐喻不只是一种认知现象和语言现象，它更代表着一种文化现象，作为一种基本的认知活动而与日常生活如影随形。通过上述探讨，我们可以认识到英语隐喻和汉语隐喻之间的共性，也同样见识到思维模式、审美观念、社会文化的不同。翻译使跨文化交际信息传递的桥梁，承担着很大的责任与作用，所以，为了更有效地使双方文化进行交融和理解，翻译工作者应当以关联理论的翻译观念为指导思想，采用灵活巧妙的翻译手法，对隐喻进行合理的明示与推理，应对原文隐喻，采用不同的策略去降低理解难度，使双方能够轻松地获取最佳的语境效果，得到良好的情感体验。

第四章　跨文化视角下英语翻译的策略与方法

本章主题为跨文化视角下英语翻译的策略与方法，主要分为跨文化视角下英语翻译的策略、增译法与减译法、重译法与分译法、意译法与回译法四个部分。

第一节　跨文化视角下英语翻译的策略

一、文化背景

任何一本有关翻译的著作在对翻译工作的阐述、理解和指导中都强调到了文化的重要性，可以说语言根植于文化，文化浸润和改变着语言，在《语言、文化与翻译》一书中著名翻译学家尤金·奈达曾指出，对于一名优秀的翻译工作者来说，熟悉文化要远远重于掌握语言，因为词语的意义只有在其相应的文化背景中才会显现。因此，学习翻译时要学习两种语言以及语言所在的多姿多彩的文化背景，这样才有可能获得最佳的翻译效果。在此有必要对文化的含义作一剖析。在我国的《辞海》中文化被定义为人类社会历史实践过程中所创造的所有物质财富和精神财富的总和。“文化”在英语中被称为“culture”，古意为“耕作，种植，作物”，蕴含人类实践过程中培植和创造各种各样的财富，后来在人们长期的研究讨论中将文化总结概括为广义文化和狭义文化，广义文化包括物质文化，制度文化，精神文化。狭义的文化主要是指精神层面上的。

二、同化与异化

（一）同化、异化理论的由来

同化和异化的翻译策略是解构主义翻译理论的代表人物之一劳伦斯·韦努蒂

(Lawrence Venuti）提出来的，劳伦斯·韦努蒂在观察和研究近50年的英译欧洲文学后，发现出版界往往偏好通顺地道的翻译，英美出版商和评论家大多以“通顺”“流畅”“文字优美”等作为译文质量的评判标准，很少顾及对原文的忠实程度。

同化翻译是指采用流畅的行文风格，以达到为目的语读者减少来源语中的异域化色彩效果的翻译方式，与之相对，异化翻译指在一定程度上通过破除目的语的语言规范从而保留来源语异域文化色彩的一种翻译方式。如果采用流畅的行文风格来翻译最有可能保留来源语中的形象和风味，这样就使译文在目的语读者的文化和认知范围内更容易理解。两种翻译策略各有特色，目的和侧重点不同，译者需要根据不同的情况灵活选择。如果译文着重强调异国文化的传递，要保留来源语的原汁原味，那么采用异化翻译策略比较好；相对而言，如果译文为的是迎合目的语读者的感受，顺应目的语的习惯，那么还是用同化翻译策略为妙。在具体的翻译实践中，译者需要根据实际情况辩证、合理地运用两种翻译策略，以取得最佳效果。

（二）同化、异化的理论背景

在两种语言的翻译过程中，尤其是遇到具有文化内涵的时候，翻译者一般会采用同化和异化同时为翻译策略。两种翻译策略方式和侧重点不同，预期目的也不尽相同。同化是以目的语文化为导向，侧重于接收信息人的理解和习惯。运用这样的翻译策略为的是便于目的语读者接受和适应。异化翻译策略则是以源语的文化为导向，侧重于保留来源语的文化特色，以达到反映异域文化特色和语言风格的目的，使读者身临其境。两种翻译策略各具特色，我们需要根据不同的预期决定采用不同的方式。

（三）同化、异化翻译策略的特点

同化翻译策略将目的语读者的感受和习惯放在首位，以目的语也就是译文为出发和着陆点，用读者熟悉的表达方式来传递原文的含义，整个翻译过程是以读者的接受为中心。因此，不仅在词汇和语句等形式上追求对等，而且在对原文深层次的含义表达上能用读者最能接受的语言形式。但由于世界上的语言非常丰富，各个国家、地区、民族之间的习惯和风俗截然不同，有些时候用异化的策略翻译出来的文本并不能确保所有读者都能理解，这时就需要运用同化的翻译策略了。[①]在异域文化中显而易见的表达也许放在我们的文化中并不能被完全理解，有时候还会使人觉得莫名其妙，而用我们熟悉的表达方式去解释原文的含义，就会使理解变得更加容易。

异化翻译以来源语的文化为基准点，主张在表达方式上译文尽量适应原文，将民族文化的差异性最大限度地体现出来，旨在保存和反映外来文化的特色和风格，让读者感受到语言和文化的差异性。这样的翻译策略有利于文化的表达和交流，加强和丰富译文语言的表现力，使译文语言的内容得到丰富。在体现对源语忠实度并展现异域文化特色的同时，也满足了读者对外国作品求异的需求。随着科技的发展，各国各民族之间的交流也日益频繁，通过异化策略翻译的作品起到了促进各种不同文化交流、融通的目的。

然而，使用异化策略需要注意把握尺度，因为过分追求异化常常会导致过于侧重形式，从而可能造成对源语意思的误读，最终影响文化内涵的传递。

在具体的翻译实践中，译者需要根据实际情况辩证、合理地运用两种翻译策略，以取得最佳效果。

（四）同化、异化和直译、意译

直译是在译文语言条件许可时，在译文中同时保持原文内容和形式的翻译方法非常简单如“My name is Hanmei.”可直译为我的名字是韩梅。当原文和译文在词汇意义、句法结构、文体风格上相差悬殊时，应当不拘泥于原文的形式和发音，从而使译文能正确表达原文的思想内容，这就是意译法。意译法就要求要根据两种语言的特点，对原词所表达的具体事物和概念进行仔细推敲，将原文的精神实质融汇于心，把不宜或不能进行直接翻译的原文采取一种既能表达其英文的含义，又不拘泥于其形式的方法进行翻译。在翻译过程中在消除语言上的差异的同时，要对单词进行增减、重复，对词性和句型加以转换，对句子有拆、有合、有正说、有反说，还可以对语序进行颠倒等。如“A penny’s worth of quality, a penny’s worth of price.”就可以借用汉语俗语“一分钱一分货”来进行翻译，这样的译文通俗易懂，而且意思吻合。类似的例子还有“A penny

① 陈博娟．跨文化交际视域下中华传统文化融入英语翻译教学的策略[J]．西部素质教育，2018，4（2）：150–151．

wise, a pound foolish." 可意译为"捡了芝麻，丢了西瓜。"

在翻译界大家普遍把直译、意译作为翻译的两种方法和路径来讨论，而同化、异化则归属到翻译策略中来研究。由此不难看出对于翻译策略的讨论实质是从宏观视角下对翻译过程的研究，可以看成是翻译过程的指导原则。而作为具体翻译方法的直译和意译，则是翻译过程中的微观视角。

这两对概念之间的联系体现在以下 3 个方面。第一，翻译方法是在翻译原则的指导下进行的，是翻译原则的具体呈现。第二，两种翻译原则和翻译方法各有不同的倾向。同化策略和意译是以目的语为中心的，而异化策略和直译是以来源语为中心的。第三，这两对概念各有侧重，范围不同，所以译者，需要从总体的角度审视翻译过程，不能忽视任何一方面。

（五）同化异化翻译策略的使用

译者在翻译时不可能只用到一种策略或者一种方法，同化和异化虽然分属翻译的两种策略，但二者并非完全独立互不往来。只不过在具体的翻译过程中会对某一种策略有所侧重。由于语言之间各有异同，在翻译时需要根据不同的需求选择合适的策略。在需要体现原作的语言风格和文化内涵时，有必要使用异化翻译策略；但是完全使用异化翻译策略造成语句不通、文体错位，甚至是理解出现差错等问题时，就需要依靠同化策略进行补充，使原作尽可能地以通顺自然的方式传递出来。因此，我们在翻译时需要辩证地处理，并灵活运用这两种翻译策略，达到信息传递、文化交流的目的。

（六）实例分析

1. 同化翻译策略实例分析

在具体的翻译过程中，有些情况必须要用同化翻译策略来完成翻译任务，才能达到使读者明白原文所要表达含义的目的。下面举 5 个例子来说明。

例 1：四字成语的翻译。

英语原文：Kill the goose that lays the golden eggs.

参考译文：杀鸡取卵，涸泽而渔。

这句话在中国文化中是很熟悉的场景。鸡和鱼是人们日常生活中常见的动物，杀鸡和捕鱼也是汉文化中再寻常不过的事情。但是在英语文化中，这种情况则不多见。如果按照原文的语句直接翻译，可能会使英语读者觉得不可理解，难以接受。因此，换成他们熟悉的形象——说起来会更加自然。

例 2：餐厅名字的翻译。

重庆有一家餐馆，英文名字叫 Let's Go，中文名字叫“赖吃狗”，这也是运用同化翻译策略很好的例子。如果中文名字按照原来的意思翻译成“让我们出发”，大家可能会觉得比较奇怪，而“赖吃狗”这个词在当地方言中指的是好吃、贪吃的人，形象生动地表达了餐馆以美味吸引人们就餐的意思，同时并未传达出损人的贬义。

例 3：修辞手法的翻译。

英语原文：High buildings and large mansions are springing up like mushrooms.

参考译文：高楼大厦如雨后春笋般地拔地而起。

这句话中“like mushrooms”用同化策略翻译成“如雨后春笋”更能符合汉语的习惯和中国人的思维。如果用异化策略翻译成“如蘑菇一样”，则会使中国读者有些摸不着头脑。

例 4：俗语的翻译。

英语原文：In the kingdom of blind men the one-eyed man is king.

参考译文：山中无老虎，猴子称大王。

这句话如果直译为“在盲人的王国里，有一只眼的人就是国王”，看似忠实于原文，实则并不符合中文文化的语境和习惯。相对来说，如果翻译成“山中无老虎，猴子称大王”则显得更适合中国人的“口味”，使读者更能体会原句的含义。这样不仅能准确地表达原文的含义，更能体现出这个谚语要表达的深层含义：没有更强势的人，才能轮到实力不佳的人掌握权力，具有讽刺意味。

例 5：超市名称的翻译。

某地一家大型超市的英文名是“Meetall”，这个名称本意是与所有人见面，含义是，人人都想来的超市。但是如何起一个恰当好听的中文名字呢？聪明的商家没有按照异化翻译策略，翻译成“人人来”之类的名称，而是译成了“美特好”。这样既和原来的英文名称保持发音相似，又确保这个名称的含义比较丰富，物美、价优、样样都好。

以下为同化翻译策略下的词汇：

cash cow 摇钱树

eager beaver 做事特别卖力气的人

the sheep and the goats 好人和坏人

out all one's eggs in one basket 孤注一掷

cold fish 冷漠无情的人

talk horse 吹牛

laugh off one's head 笑掉牙

black sheep 害群之马

as rich as Croesus 十分富有

mend a quarrel 平息纷争

wave a good bye 道声再见

have one foot in the grave 风烛残年

pull up one's socks 鼓起勇气

teach a pig to play on a flute 对牛弹琴

hand in glove with. 和……狼狈为奸

a narrow victory 险胜

stop a worry 消除焦虑

horse sense 常识

a lion in the way 拦路虎

drink as a fish 牛饮

Greek gift 害人的礼品

English disease 软骨病

Tom, Dick or Harry 张三李四

Jack-of-all-trades 万金油

the salt of the earth 非常正派的人，社稷所赖

old bird 老家伙，精明鬼

yellow boy 金币

a wet hen 泼妇

bring down the house 全场喝彩

as thick as thieves 亲密无间

as old as the hills 古老

an apple of discord 争端之源，祸根

Spanish athlete 吹牛的人

Uncle Sam 美国人

French chalk 滑石粉

American beauty 红蔷薇

light up a face 抹去愁容

pull one's leg 开玩笑

once in a blue moon 千载难逢

something fishy 蛛丝马迹

goose flesh 鸡皮疙瘩

a bolt from the blue 晴天霹雳

通过以上例子的分析，我们可以看出，在涉及文化差异的情景下，采用同化翻译策略能达到有效传达的目的，呈现“双赢”的局面。在这种翻译策略下能使译文即形式上保留原文的表达，也能同时照顾读者或者观众的心理。在交际活动中，如果注意适时适当地运用同化翻译策略，会达到最优效果，有利于活动的开展。

2. 异化翻译策略实例分析

在具体的翻译过程中，为了使译文能够完整表达源语的含义和文化特征，有些语句需要用异化翻译策略来完成翻译任务，这样表达出来的语句不仅不会在内容上与原文相背离，也会在形式上传承了原句的特色。下面举几个例子来说明。

例 1：包含特殊比喻的翻译。

英语原文：He said he didn't want the job anyway, but that's just sour grapes.

参考译文：他说他其实不想干这份工作，只不过是酸葡萄心理罢了。

“sour grapes”本意指酸葡萄，后引申为某人因得不到某事物而称该事物

不好，表示的是一种阿 Q 心理。用异化的翻译策略，可以直接翻译成“酸葡萄”，暗指那种自欺欺人的心理。

英语原文：Management is holding out an olive branch to the strikers.

参考译文：管理层向罢工者伸出了橄榄枝。

理解这句话关键是要明白 an olive branch 的含义。“橄榄枝”在西方文化里象征和平，现在这个词的含义也慢慢渗透进中文的环境中，说起橄榄枝，人们很快就会想到和平、妥协、和谐之类的意思。所以这句话是表示一方妥协于另一方，主动提出和解。

例 2：传统俗语的翻译。

英语原文：Eye for eye，tooth for tooth.

参考译文：以眼还眼，以牙还牙。

这是一句习语，给出的翻译是按照字面意义得出的。由于我们对这句话已经相当熟悉，在中文中也会用英语的方式表达，人们交流时都没有障碍，这样的句式几乎已经成为固定的中文表达。所以按照异化的策略翻译，同样能传达出原文的含义，同时满足目的语读者的思维习惯。

汉语原文：三个臭皮匠，胜过诸葛亮。

参考译文：Three cobblers with their wits combined equal Zhuge Liang the mastermind.

这句话如果简单地异化翻译成“Three cobblers make one Zhuge Liang.”对于英语读者来说似乎不胜理解，甚至莫名其妙。用异化翻译策略保留原文语言和文化特色的同时，适当地做了一些补充，会使读者更易于理解。

例 3：政治语句的翻译。

汉语原文：中国领导人们将专心致力于继续走邓小平的改革开放道路。

参考译文：The Chinese leaders are committed to continuing DengXiao ping's path Of opening up and economic reform.

基于富有中国特色的原文，译者需要尽可能地保持原文的形式和特点，以达到传达特色文化的目的。

以下为异化翻译策略下的词汇：

flannel 法兰绒

whisky 威士忌

brandy 白兰地

beer 啤酒

salad 沙拉

golf 高尔夫

chocolate 巧克力

engine 引擎

toast 吐司

angel 安琪儿

aspirin 阿司匹

sofa 沙发

crocodile tears 鳄鱼的眼泪

break the record 破纪录

equality and mutual benefit 平等互利

a coordinated service 一条龙服务

Ivory tower 象牙塔

armed to teeth 武装到牙齿

every dog has his day 凡人皆有得意之时

jacket 夹克

vodka 伏特加

cola 可乐

sardine 沙丁鱼

sandwich 三明治

hamburger 汉堡包

microphone 麦克风

disco 迪斯科

model 模特

cold war 冷战

Sour grapes 酸葡萄

an olive branch 橄榄枝

long term stability 长期稳定

mutual trust 互相信赖

peace and friendship 和平友好

an unfinished project 半拉子工程

dink/kine family (double income and no child) 丁克族

如果使读者体会到译文原汁原味的表达和感觉，达到完整传递原文含义和语言特色的目的，我们需要在翻译中使用异化翻译策略。有时候异域文化已经渗透到本族文化中的情况，或者异域文化在跨文化交流中可能会产生碰撞、交融，对于双方都能很容易理解的内容，这种情况下译者进行翻译时可以采取常用的说法。但是有时候仅用异化策略翻译出来的内容得不到受众的理解，我们就需要借助增译法或者其他翻译方法进行补充说明，以达到真正的文化交流。当然，用到多种翻译策略或者方法的情况会有很多，所以译者不能死板地完全局限于某一种策略或者方法，而应该灵活机动地采取多元的方式进行翻译。

三、形合与意合

语言是交流的工具，在一定程度上，语言是一些特定符号的复杂系统，一些词素、表达、语言符号经过不同的规则组合，形成一定的词法、句法和篇章组织，其中就需要一些方法和规则来组织篇章，形成完整合理、表达流畅的文本。

形合和意合在英语和汉语中是重要的篇章组织方式，也是两种语言之间一个重要的区别。这种区别是指在英语和汉语两种语言的结构上的区别。形合是指在语言中，词语和句子之间是依靠一些语言形式手法连接起来的，如连接词、关系词等。这样的结构表达侧重于词语之间、句子之间的逻辑关系，从而体现整个篇章的逻辑性。意合是篇章的组成部分之间不用表达逻辑关系的连接手法，主要体现整个篇章在意义上的连贯。总体说来，英语语言更侧重使用形合的表达；相反，汉语语言会更多地使用意合的表达。这就是普遍认为的，英语逻辑性关联性较强，而汉语更多的是强调意义的表达，很多时候篇章是“只可意会不可言传”的。在某种程度上，我们可以将语言和绘画做个比拟。英语更看重形式，相对结构比较紧凑，就像素描，体现的是空间上的透视以及细节，尽可能地展示描写，追求与实物的贴近。而汉语更看重内容的表达，侧重精神的传递，相对结构比较松散，就像水墨画，展示的是画卷美意在体现意境，作者的主旨需要读者仔细体会、琢磨。

因此，我们在翻译过程中，需要注意到英汉两种语言的不同，英译汉时注意“意定形随”，而汉译英时要注意“以形驭意”。

（一）形合与意合的特点

形合的语言一般有严谨的结构，常常用连接词连接句子的成分，从一句话来看，句子的成分比较齐全，而且分工明确。句子的语法意义和逻辑关系通过一系列的连接手法形成，比如连接词、关系词、介词、代词等。另外，具体到词汇层面上，一个词语的变化也可能构成句子意思的改变，如词语的单复数、时态变化、语态变化、情态变化等，都可能使句子的结构和意义发生改变。由于句子可以由一些成分或者关联词清晰表达出来，因此，句子的意思也可以用严谨的语法分析等方式明确。

（二）形合与意合在英语中的体现

英语句子的构成常常用到形合的手法，句子会通过关系代词或关系副词将各个成分有机联合，形成一个意义和形式整体吻合的篇章成分

例如：

英语原文：A market analyst is a person with specialist knowledge Of a specific market who often predicts what will happen and tries to explain what has happened.

参考译文：市场分析员是拥有某类特定的市场专业知识，往往能预测市场并试图对市场现象作出解释的人。

原文用了一些起到连接作用的成分，如 with，of，who，what，and 等，还有表示时态变化的词，如 predicts，tries，has happened，will happen 等。英语句子往往需要通过这些方法达到通顺、明晰的目的；而汉语则不需要很多的连接成分或者词语来表示逻辑和句法关系，准确地表达意义是最终目的。

与英语的句法特征恰恰相反，汉语中的一个句子可由几个短句或者成分、表

达构成，其间也不一定需要连接词，句子成分之间的联系是意义上的，而不是结构上的。汉语侧重的是精神和要素的传达，以神统形。不像英语中有特定的连接成分，汉语的句法逻辑结构可能只通过一些动词的小变化或者修饰就能产生变化，而且经常会省略一些介词、连词等。所以，汉语句子不会看起来很有逻辑感、很明晰，甚至是天马行空，但其表达的意义却是非常明确的，这当然是要在准确理解的基础上。所以，很多情况下，理解一个词、一句话、一段话，可能需要放在一个具体的篇章或语境中更能顺利地获得要表达的意思。

（三）形合与意合在翻译中的运用

由于英语和汉语在结构构成和使用习惯上有所不同，我们在翻译过程中就要注意这些不同之处，尽量使译文符合目的语读者的口味。如英语语言侧重形合，翻译时就要注意一些连接词语的运用，以及一些语篇连贯手法的使用，使汉语相对松散的结构变为英语中紧密相连的语句，其中要注意分句之间的相互关系。另外还要注意一些功能词的用法、词性的转换、语序的把握。针对汉语和英语的不同特征，我们需要采取不同的翻译策略进行翻译。只有这样，才能准确把握原文主旨，并准确地传达原文意思。

例如：

英语原文：Guests are normally given some time to visit shops where they often buy souvenirs to remind them of their holiday when they return home.

参考译文：通常会为客人安排一些时间购物，客人们往往会买几样纪念品，以便他们回家后不忘此行。

英语原文通过关联词 where 引导定语从句，when 引导状语从句，清晰地显示了各成分之间的关系。而汉语译文中不需要通过这些显性的标记词来体现，各个分句之间的关系也能很顺畅地表达到位。这正体现了汉语句子侧重意合的特点。

常见的表达如下词汇：

as it is 事实上

all walks of life 各行各业

as has already been mentioned/Stated above 如上所述

enhancing Asia-Pacific cooperation to create a harmonious future 深化亚太合作，共创和谐未来

A good start was made in the efforts to.……起步良好

to be predestined 有缘分

speed up the launching of Chinese brand names in the world market 加快培育我国的国际知名品牌

to be well cultivated/educated/self-possessed 有修养

Your remarks are more inspiring/enlightening than what I have read in ten years.This is a very interesting conversation.I enjoy it very much. 听君一席话，胜读十年书。

In time of crisis, luck is always on his/her/our side/To have a way of turning ill luck into good and crisis into success. 逢凶化吉，遇难成祥。

as it were 好像，可以说

adopt a holistic approach 统筹兼顾

favorable conditions and avoid risks 趋利避害

ensure better coordination in pursuing the “bring in” and “go global” strategies 把“引进来”和“走出去”更好结合起来

The past five years has been a momentous one. 过去的五年是不平凡的五年。

Progress was made in rule-of-law administration. 依法行政，扎实推进。

The basic elements of a public health system have been put into place. 公共卫生体系初步建立。

to seek a fair and reasonable solution 求得公平合理的解决

pursue interests and avoid risks/seek advantages and avoid disadvantages/exploit stay firmly rooted in the present while looking ahead to the future 立足当前，着眼长远

Nice to see you again.This is a small world. 我们又见面了，看来咱们俩有点缘分。

第二节　增译法与减译法

一、增译法与减译法的含义及特点

由于英汉两种语言有不同的语言习惯、语法特点、文化背景等，我们在英汉互译过程中可能需要针对实际情况选择合适的翻译方法进行翻译。如果按照原文字句照实翻译表达出原文的含义不够完整，就需要根据情况增加一些词汇、句子等来补充说明原文所要表达的意思。而有的时候为了译文简洁通顺则需要删减掉一些成分，以迎合目的语习惯，做到精练达意，这种翻译方法就是减，有时也称“省略法”。

（一）增译法

英语和汉语两种语言在思维、表达方式及语言习惯上存在较大差异，在翻译时为了更准确地表达出原文所包含的意义，可以增添一些词、短语或句子使得表达更准确完整。这种方法就是经常出现在汉译英中的增译法。

增译法使用过程中，增加的内容可能是词汇、短语表达、句子，甚至是语篇。但值得注意的是，增译法要以原文的含义为基准，而不是随意地增加词汇表达，应当做到“增词不增意”。这样翻译出来的句子或者语篇会更加适合目的语的习惯，也会使读者理解起来更加顺畅。

由于汉语使用过程中有很多的无主句，也有许多可以意会的内容，而英语中大部分的句子都是比较完整的，从形式上看思路也比较清晰，所以，汉译英时要注意补充适当的主语，以及一些结构性的词汇和指称描述性词汇，以更符合英文的习惯相对来说，汉语中多用的量词又不会经常出现在英语中，因此，英译汉时也要注意适当增补量词，以更迎合汉语的思维和使用习惯。

（二）减译法

由于英汉两种语言在词汇、语法和修辞上的差异，在进行翻译时，很多对于英语来说是必不可少的成分，在汉语中就显得画蛇添足，并且还会影响到语句的通顺程度和简练度。因此进行适当的减译就很有必要。在保留原本内容的前提下，删除不必要的句子及其对应成分，从而使译文更加简单明了。

减译，即删减式全译，不是删掉原文中的某些内容，而是从全文出发，根据逻辑、句法、修辞的需要，在译文中删减一些不必要的语言单位的翻译方法。[①] 减译的根本目的是防止文字累赘，内容重复，为了更符合目的语的习惯，而使译文尽量简练。虽然从语言形式上来看，减译删除了很多语言中的成分，但是其根本含义，却没有发生变化，仍旧很完整。

二、增译与减译的原则

翻译工作者在使用增译法时，虽然可以增加其中成分，但也并不是可以随心所欲地进行添枝加叶，而不顾及原文含义，减译法也是“减形不减意”，不能减去句子中重要的思想内容，在翻译过程中都必须遵循各自的基本原则。[②] 增译时要增加那些无论在哪方面看都必不可少的词语。减译时也删减掉一些可有可无或违背语言表达规律的累赘语句。

三、增译与减译的使用方法

（一）增译法的使用

无论是汉译英还是英译汉的过程中，都有可能出现使用增译法的情形，接下来，主要针对英汉互译过程中的两种增译法进行具体研究分析。

1. 增加动词

在进行汉译时，根据需求要经常在一些名词或动名词的前后添加动词，以使内容表达完整。

例如：

英文原文：we won’t retreat, we never have and never will.

参考译文：我们不后退，我们从来没有后退过，我们将来也决不后退。

---

① 许艺萍．增译法和减译法在英译汉中的应用分析[J]. 开封教育学院学报，2016，36（10）：48—49.

② 陈博娟．跨文化交际视域下中华传统文化融入英语翻译教学的策略[J]. 西部素质教育，2018，4（2）：150—151.

2. 增加形容词

在进行汉译时，可以在一些名词前添加合适的形容词，以满足修辞和意义表达上的需要。

3. 增加副词

在一些句子中，要在某些动词前后增加合适的副词，如此才能展示出句子的原本含义。

例如：

英语原文：As he sat down and began talking, words poured out.

参考译文：他一坐下来就讲开了，滔滔不绝地讲个没完。

英语原文：Tom sank down with his face in his hand.

参考译文：汤姆两手蒙着脸，一屁股坐了下去。

4. 增加名词

在英语当中，有些动词在做不及物动词时，其宾语隐含在动词当中，所以翻译时，也要将这个隐藏着的宾语补足，否则意思的传达就不明确和完整。

例如：

英语原文：He was wrinkled and black, with scant gray hair.

参考译文：他有着满脸皱纹，很黑的皮肤和灰白的头发。

5. 增加表示名词复数的词

在汉语中，名词的复数形式其本身的形态结构是不发生改变的，因此在表达时也不必进行体现，在指代很多人的名词时，在后面加个“们”就可以表达了。如“the teachers”，可翻译成“各位老师”；“the students”可以翻译成“各位同学”。此外，一些英语的复数名词，在进行汉译时，可以采用数词、叠词等来进行表示，甚至可以提高修辞效果。

例如：

英语原文：Flowers bloom all over the yard.

参考译文：朵朵鲜花开满了庭院。

英语原文：The lion is the king of animals.

参考译文：狮子是百兽之王。

6. 增加表示时态的词

英语通过动词的词形变化或通过助动词来表达时态上的变化，而汉语则是通过时态助词或一些暗含时间的词语来展现时态上的转变的。所以，当英语原文包含时间变化时，汉译就要增加相关的词汇，来表现这种时间上的对比。

例如：

英语原文：I had never thought I'd be happy to find myself considered unimportant.But this time I was.

参考译文：以前我从未想过，当我发觉人们认为我是无足轻重时我会感到高兴。但这次情况的确如此。

7. 增加语气助词

在汉语中，常常会使用很多语气助词来表达自身情感，如“啊”“吧”“呢”“的”“罢了”“好吧”“来了”等，因此，在进行翻译时，加入这些特有的语气助词，可以更好地表现原文情感和修辞效果。

例如：

英语原文：Don't take it seriously.I’m just making fun of you.

参考译文：不要认真嘛！我不过开玩笑罢了。

英语原文：As for me,I didn’t agree from the very beginning.

参考译文：我呢，从一开始就不赞成。

8. 增加量词

在英语当中，数次和可数名词之间没有量词，可以直接进行连用。但是汉语却不可以，需要借助量词才可以进行表达。所以在汉译时，可以根据事物的特征、材料或形态结构，来增加对应的量词。

例如：

英语原文：A red sun rose slowly from the calm sea.

参考译文：一轮红日从风平浪静的海面冉冉升起。

英语原文：A stream was winding its way through the valley into the sea.

参考译文：一弯溪水蜿蜒流过山谷，汇入海洋。

而有些动词与动作名词，在汉译时需要增加表示动作行为的量词。

例如：

英语原文：When you finish your homework, you may take a rest.

参考译文：做完作业后，你可以休息一下。

（二）减译法的使用

在进行翻译时，译者为了使语句表达更加通畅连贯，会适当删减一些不必要的修饰词，这就是减译法。其主要使用形式有 3 种分别是语法性减译、逻辑性减译、修辞性减译。

1. 语法性减译

（1）实词减译

译者以英汉文化差异和文体的不同特点，在全译转换过程中对其中的动词、名词和代词进行删减。

在英语的表述当中，有些句子的主语和表语或者其他的句子成分，是来源于同一个名词，所以在进行翻译时，为了不赘述，往往会进行省略。另外，有些对于英语来说是很有必要的名词，放到汉语环境中就显得很多余，此时也应对其进行删减。同时，英语的各种句型当中，谓语动词是必须存在的，而汉语则不用，可以用形容词、词组、名词等作为谓语，不用非要使用代词。所以，在汉译时，动词就经常被省略了，但这种省略，使得语言更加地连贯顺畅。英语的关系体现在语表形式方面，英语作为形态化语言，几乎每句都要有主语，并且常出现人称代词做主语的情况。在这种情况下，进行汉译时就很容易变得累赘，因此常常进行删减。鉴于汉语本身的意合与简练的特点，可以将英语中的很多代词进行省略，如表 4-2-1 所示。

表 4-2-1　实词减译实例

	英语原文	参考译文
名词减译	The problem of the age of the earth is one problem we share approach.	我们将要探讨地球的年龄这个问题。
动词减译	Since the airplane's mass is not given, we can find it by using this formula.	飞机质量未给，但可用该公式求出。
	The mass of one unit of volume of a material is called its density.	物质单位体积的质量叫作密度。

续表

	英语原文	参考译文
代词减译	The gas distributes itself uniformly throughout a container.	气体均布于容器中。
	The volume of the sun is about 1，300，000 times that of the earth.	太阳的体积约为地球的 130 万倍。

（2）虚词减译

即将冠词、连词、介词等虚词进行删减。这些虚词在英语中作用很大，但是在汉语中就不一定了，因此可以进行舍弃。在英语当中，词与词、词组与词组之间常常需要用到介词，但是在汉语体系中，语序和逻辑就可以解决这个问题了，因此，介词也往往可以删掉，如表 4-2-2 所示。

表 4-2-2　虚词减译实例

	英语原文	参考译文
冠词减译	The basic function of the triode is as an amplifier of current	三极管的基本功能是放大电流。
介词减译	The capacitor is a square with all sides a half centimeter long.	电容器为边长 0.5 厘米的正方形。
连词减译	Practically all substances expand when heated and contract when cooled.	几乎所有的物质都热胀冷缩。

（3）虚设形式减译

英语中的“exist”“occur”“happen”“remain”“seem”“appear”（存在、出现）这种类型的词和“there be”的结构类型的词，常被强调引导“it”，这只是一种成句式的方法，在汉译时为突出中心思想，可以省略。

例如：

英文原文：It is worthwhile attempting to use an ultra-high-vacuum system for such purposes.

中文译文：超高真奎系统作此用途值得一试。

2．逻辑性减译

原文逻辑通顺，进行直译之后不一定也通顺，可能会出现多余、重复、违背常理等现象。

例如：

英语原文：Part-time waitress applicants who worked at a job would receive preference over those who had not.

参考译文：兼职服务员招聘，有工作经验者优先。

3. 修辞性减译

（1）简练性减译

为了承载更多的信息，语言应当尽量简练精短。英文中的有些词汇或语句，直接汉译会使原文冗词赘语，所以可以对此进行省略。

例如：

英语原文：The First manned landing on the Moon surface was achieved by American astronauts on July 20,1969.

参考译文：1969年7月20日美国宇航员首次登上月球。

（2）同义性减译

为表示强调，英语会对一些同义词、近义词进行连用，有时是出于修辞、释义或以旧词代新词的修辞性的考虑，而有时就只是同一个名词的不同说法而已。因此，进行汉译时，就不用全部翻译出来了，择其一即可。

例如：

英语原文：Semiconductor devices have no filament or heaters and therefore require no heating power or warmed uptime.

参考译文：半导体器件没有灯丝，因此不需要加热功率或加热时间。

在英汉互译过程中，随时可能会出现使用增译法或者减译法的情况，我们需要根据两种语言的不同特点、语言使用的习惯和环境、实际要表达的意思等方面决定到底使用哪种翻译方法。另外，不能一概而论。连接词到底在英语中多还是在汉语中多，需要根据实际的具体情况灵活翻译。我们在翻译过程中要把握好“达意”的原则，并掌握好“度”，做到删减自如，完美达意。

四、实例分析

（一）增译法实例分析

增译法可能会在很多情形下使用，增加的内容可能是各种各样的词汇、表达或者语句。如增加了各种词汇、短语或表达。

例 1：

英语原文：In the evening，after the banquets，the concerts and the arts exhibitions,he had to work on the drafting of his speech.

参考译文：晚上，参加完宴会、出席了音乐会、观看过艺术展之后，他还得起草演讲稿。

这里翻译后的句子增加了“参加”“出席”“观看”这些动词，便包含原句暗含的意思。如果不加，则显得生硬、晦涩难懂。

例 2：

英语原文：A book，tight shut,is but a block of paper.

参考译文：一本书，如果紧紧合上，就是一堆废纸。

这句话如果直译为“一本书，如果紧紧合上，就是一叠纸。”看似忠实于原文，其实并没有把原文真实的意思清晰地表达出来，忽略了“一叠纸”暗含的意思。如果译文中增加一个描述纸的形容词，那么原文的含义就被丰富起来。

例 3：

英语原文：Success is often just an idea away.

参考译文：成功与失败往往只是一念之差。

此句按照原文直接翻译就是“成功往往只是一个念头的距离。”这让我们不禁要想为什么是一个念头的距离，其实原文想要表达的是做事情、考虑问题，最终获得的结果到底是成功还是失败，往往是归因于一个想法。所以翻译时加上另一个名词“失败”比较好。

例 4：

英语原文：The crowds melted away.

参考译文：人群渐渐散开了。

在这句话中，原文要表达的意思是人群散开了。但是用了“melt”这个词，我们需要结合语境来翻译，可以加上修饰动词的副词，来增加原文的意境。

例 5：

英语原文：As our product has all the features you need and is 20% cheaper than that of Japanese product,I strongly recommend it to you.

参考译文：我们的产品具备了您所需要的各种特点，而且比日本产品便宜20%，所以我们向您极力推荐。

这里将英语里的 that 增译替换成了产品，表达得更加明白。另外，英语中表示因果关系可以只用一个词语表示，如本句中的 as，但是在汉语中需要加上前后搭配的词，构成完整的因果关系表达，翻译中增加了“所以”。

例 6：

英语原文：This kind of computer is indeed cheap and fine.

参考译文：这种计算机真是物美价廉。

这句译文在原文形容词的前面加上了名词，构成汉语中熟悉的词汇，显得更加通顺。

例 7：

英语原文：He went to the theatre by riding a bike.

参考译文：他骑了一辆自行车去剧院。

这里运用增译法，在翻译时增加了量词“辆”。因为在英语中往往是数词和可数名词直接连用，不用量词，而汉语中需要用量词描述，所以英译汉时需要根据汉语的习惯增加一些表示形状和特征等的量词。

例 8：英语原文：Don't take it seriously.He is just kidding.

参考译文：不要认真嘛！他只不过是开玩笑罢了。

这里翻译时增加了一些表示语气的词汇，更好地体现了原文的意图和感情色彩。

例 9：

英语原文：He is not quite used to the Spartan lives of the island.

参考译文：他对岛上那种斯巴达式的简朴生活不太习惯。

如果仅从字面翻译，不加“简朴”二字，虽然简洁明了，但原文意义不太容易为中国读者理解。

例 10：

英语原文：A lover sees a Xi shi in his beloved/In the eyes of the lover, his beloved is a beauty.

参考译文：情人眼里出西施。

这句话增加了对于西施的解释，比喻由于感情，情人之间觉得对方无处不美。

综上所述，翻译中运用增译法的目的是满足词汇层和句法层面上的要求。另外，有时也会为了满足修辞或者语气上的需要，用到这种增加内容的翻译方法。需要注意的是，增加内容不能随意，应该以准确表达原文意思为基础，用增加后的成分表达原句暗含的内容，其实这也是本着忠实于原文的原则。

（二）减译法实例分析

例 1：

英语原文：Smoking is prohibited in public places.

参考译文：公共场所不准吸烟。

这个句子里没有翻译出介词“in”的含义，直接用名词“公共场所”表示在这个环境里，符合汉语的语言习惯。

例 2：

英语原文：These past few years have seen great changes both in economy and culture。

参考译文：过去的这几年里，经济和文化都发生了巨大的变化。

这句话原文的动词“have seen”可以译为“见证”，但是在译文中省略了，因为汉语中人们的习惯是将一段时间作为附加的状语，这样使译文更加得体。

例 3：

英语原文：These developing countries cover vast territories，encompass a large population and abound in natural resources。

参考译文：这些发展中国家拥有辽阔的土地、众多的人口及丰富的资源。在原文中分别用了几个动词来表示主语的特点分别是“cover”“encompass”“abound in”。而翻译成中文时，主语发生了变化，译成的几个词语也非常符合中文的习惯。如果说这些国家“占地广阔、拥有众多人口、有丰富的自然资源”也未尝不可，但是译文未免显得有几分累赘。

例 4：

英语原文：This medicine will not produce any harmful side effect.

参考译文：这种药物不会产生任何副作用。

文中所说的副作用在中文里是可以意会为“有害的”，如果再加入译文则多此一举。

例 5：

英语原文：The present process of making steel from iron is only about100 years old。

参考译文：目前的炼钢法只有约 100 年的历史。

这里“由铁炼成钢”是没有必要翻译出来的，因为炼钢的原料只有铁。所以“from iron”被省略掉了。

例 6：

英语原文：The president had a lot of work to do before (attending) the meeting.

参考译文：董事长在出席会议之前还有许多工作要做。

这里原文中的动词“出席”在翻译成英语时省略掉了。因为动词“attend”放在英语句子内或被省略都是可以准确传达原文意思的，所以译文用尽可能少的词语表达原文，符合商务英语精练的要求。

例 7：

英语原文：It requires patience to do such kind of job.

参考译文：做这种工作是需要耐心的。

本句运用减译法，将原句中的形式主语“It”删减掉了。因为汉语中并不存在形式主语的说法，所以翻译出真正的主语，译文简洁自然。

例 8：

英语原文：中国政府历来对环护工作非常重视。

参考译文：The Chinese government has always attached great importance to environmental protection.

这里英文译文没有将“工作”翻译出来，因为环境保护工作在英文中完全可以用“environmental protection”来表示，如果加上“work”或者“job”，反而会显得累赘，不符合英语的习惯。

从以上例句可以看出，不论是英译汉还是汉译英，都有可能出现需要使用减译法的情形。这是由于中英文在词法、语法、句法、篇章等方面都有不同的使用习惯，译者在翻译时需要时刻提醒自己，尽量将译文翻译成符合目的语读者习惯的语句，但同时也要注意不能随意删减原文内容，保持原文要表达的含义是翻译时必须遵守的原则。

第三节　重译法与分译法

一、重译法与分译法的内涵

在翻译过程中，有时为了忠实于原文，忠实表达原文的意思，不得不重复某些词语，这种反复使用某些词语的翻译方法就叫“重译法”。

英语和汉语虽然是两种截然不同的语言，存在着诸多差异，但在两种语言的使用过程中都会根据具体的特定情形，重复使用词语、句子，甚至是篇章等，这种修辞手法被称为“反复”。而在英汉互译的过程中肯定也会遇到这种情形，这时我们需要按照译文语言的习惯方式去翻译，从而更利于译文读者的理解。

在翻译过程中，如照搬进中文，原本英文里读起来流畅自然的句子就会变成“翻译腔”，这是翻译的大忌。因此，为了使译文表意清楚，符合语言表达逻辑，汉译时有必要对原文的某些词汇、短语重新加以调整，译成一个单句。

在翻译过程中，如照搬进中文，原本英文里读起来流畅自然的句子就会变成“翻译腔”，这是翻译的大忌。因此，为了使译文表意清楚，符合语言表达逻辑，汉译时有必要对原文的某些词汇、短语重新加以调整，译成一个单句。分译法是英汉翻译中最常用的翻译方法之一，不仅可用于拆译长句，对单句、短语甚至单词都可以进行拆译，因此也被称作“分句法”“拆译法”。在翻译时，把英语原句中较长的句子成分或者尽管不长，但在翻译时很难安排的句子成分拆分开来，另译成句。也就是把英语句子中的一个词、一个短语或一个从句译成汉语中的几个词或几个短句，同时可以把这句话中的主语、谓语、定语、状语等成分以不同成分译入汉语中。

二、重译与分译的作用

通常情况下，对文本的翻译都尽可能地追求简洁、精练、明晰，但有时候为了达到强调、明确或者生动的目的，译文中常常要重点突出在整句中起到至关重要作用的成分，这个时候就需要运用重译法来翻译。

中西方文化的差异导致两种完全不同的思维方式，这些使得英汉在语言结构上存在着很大的差异。

中国古代崇尚和谐，重伦理、重悟性、重简约的心理文化以及“天人合一”的哲学思想，使得汉语语法表现为以意统形，强调意义的连贯，句法特征为意合，语法特征为隐性，体现了中国人重整体、重综合的思维方式。而西方文化以人与自然对立关系的认识为其基本概念，这也造就了其心理文化的重要特征，表现为他们重个体、重分析的思维方式。因此，英语的句法特征是形合，语法特征是显性的。

英语和汉语在句子结构、用词倾向、句序、重心等语言结构上各有特点，具体表现在以下 3 点。

①英语重形合，句子连接方法十分丰富。英语的句子形式比较严谨，表达上强调成分之间的各种关系，如修饰关系、从属关系、平行关系与对比关系等，因此需要用各式各样的关系词、介词、连词等进行连接。英语有时通过词的形态变化和各种非谓语动词、介词短语、并列结构等语法形式连接句子，这就使得英语句子各种成分非常复杂，从句套分句，分句套从句。

②汉语则更多地侧重于意合，对于关联词的连接没有什么过多的要求，只要逻辑通顺，那么就可以根据句子的先后顺序来推断出句子的明确含义。因此汉语句子结构灵活、分句短小也相对简洁。

例 1：

英语原文：It seems to be more lonesome in the mountains when birds are singing。

参考译文：（当）鸟鸣（时）山更幽。

例 2：

英语原文：The monks may run away，but the temple cannot run away with them。

参考译文：跑得了和尚（但）跑不了庙。

上述句子在译成汉语时，如果保留括号内的词，意思上是没有问题的，在英语句子中，这些连词是必不可少的，但是在汉语的习惯中就有些多余。这就体现出了汉语侧重意合，而英语侧重形合的不同特点。

③从英汉句子长度来看（英语句子相对较长）。一般而言，英语句子的平均长度约 20～25 个单词）比汉语句子要长。英语句子的结构形态是句首封闭、句尾开放。因此，英语句子常常可以不断地向后扩展或拉长，环环相扣，盘根错节。而汉语以中短句较多，最佳长度为 7～12 个字，书面语虽也用长句，但常用标点符号把句子断开，因而读起来简短、轻松，无冗长之感。

例如：

英语原文：In the doorway lay at least twelve umbrellas of all sizes and colors.

参考译文：门口少说 12 把，五颜六色，大小不一。

所以，对于成分复杂且句子长度偏长的英语句子，如果进行逐字翻译，往往会使译文读者感到费解和困惑。因此，翻译长句或者成分复杂的句子时，译者经常采取“分而治之”的方法，长句短切，以使行文更加通顺易懂，并增加译文的表达效果。

三、重译与分译的方法原则

（一）重译法的使用

如果原文中没有使用反复的修辞方法，而译文中出现了重复的说法，这里用的翻译方法可以认为是重译法，也可以认为是增译法，因为译文是在原文的基础上增加了一些成分翻译而成的，只不过增加的内容是译文中重复的。所以，有时重译法可以看作是增译法的一种。重译法的具体使用方法如下。

1. 重复名词

实例如表 4-3-1 所示。

4—3—1　重复名词实例

重复名词	英语原文	参考译文
重复英语中作宾语、表语、同位语的名词	We should learn how to analyze and solve problems.	我们应学会如何分析问题和解决问题。
重复英语前置词短语前所省略的名词	The doctor will get more practice out of me than out of one hundred ordinary patients.	医生从我身上得到的实践会比从一百个普通病人身上得到的实践还多。
重复英语中作先行词的名词	The little apprentice in particular lived in terror of the boss, who had borne down on him so often and so hard that there was little left.	小学徒对老板尤其怕得要死，老板经常整他而且整得很惨，简直把他整瘪了。

2. 重复动词

实例如表 4—3—2 所示。

4—3—2　重复动词实例

重复动词	英语原文	参考译文
英语句子常用一个动词连接几个宾语或表语，在译文中往往要重复这个动词	Fill in your name first,then your address and telephone Number.	先填写好姓名，再填写地址和电话号码。
英语句子中动词后有前置词时，在第二次、第三次往往只用前置词而省略动词，在译文中则用重复动词代替英语中重复的前置词。若英语中连前置词也省略了，但译文中仍可以重复动词	A mosquito hums and hums. Two flies drone and drone.	一个蚊子哼哼哼， 两个苍蝇嗡嗡嗡。
	We talked of ourselves, of our studies,of our prospects,of each other,of everything.	我们谈到了自己，谈到了学习，谈到了前途，谈到了彼此的情况，谈到了一切。

3. 重复代词

实例如表 4—3—2 所示。

4—3—3　重复代词实例

重复代词	英语原文	参考译文
英语中用代词的地方，翻译时往往可按汉语的习惯重复其所替代的名词	Happy families also had their own troubles.	幸福的家庭也有幸福家庭的苦恼。

续表

重复代词	英语原文	参考译文
英语中强势关系代词或强势关系副词如 whoever，wherever 等	You may ask.whoever is willing to help you.Don't come to me.	只要有人愿意帮你，你爱找谁就找谁，就是别找我。
其他英语原文没有重复，汉译时采用一种在内容上而不是在形式上的重复的方法	He wanted to send them more aid, more weapons and a few more men.	他想给他们增加些援助，增添一些武器，增派些人员。

（二）分译法的使用

对始分点做到正确把握。在进行分译的过程中，为避免造成译文结构紊乱，一定要严格按汉语的表达习惯来组织句子。

当分则分，当合则合。

例如：

Watch your personal belongings while shopping. 商场拥挤，注意钱包!

Nothing is impossible for a willing heart. 心之所愿，无所不成。

World is but a little place, after all. 天涯原咫尺，到处可逢君。

We all have our blind spots. 金无足赤，人无完人。

If a thing is worth doing it is worth doing well. 果事情值得做，就值得做好。

The tailor makes the man. 佛靠金装，人要衣装。

Caution：Wet floor！地滑，小心摔倒!

A bosom friend afar brings a distant land near. 海内存知己，天涯若比邻。

Never put off till tomorrow what you can do today. 今日事，今日毕。

Work hard with a united and pioneering spirit. 团结奋斗，开拓进取。

Birds of feather Will flock together. 物以类聚，人以群分。

There i s no smoke without fire. 无风不起浪，无火不生烟。

equally matched 势均力敌，不相上下。

Keep our city clean！城市是我家，清洁靠大家。

四、实例分析

首先，重译法在英汉互译过程中虽然想要达到的目的不尽相同，但是翻译须遵守一个原则，那就是忠实于原文，并利于读者接受。

例 1：

英语原文：Though some developing countries suffer less than others, farming is hurt in all of them.

参考译文：尽管某些发展中国家比另一些发展中国家受到的损失要小些，但所有发展中国家的农业都要受到打击。

原文中运用了英语中常用的替代法来表达之前出现的“developing countries”。但在汉语中，将这个关键词反复使用才符合中文读者的习惯，所以译文中将后来出现的两个代词都翻译成“发展中国家”。

例 2：

英语原文：We talked of ourselves, of our prospects, of the weather of the services,of each other of everything but our business cooperation.

参考译文：我们谈到自己，谈到前途，谈到天气，谈到服务，谈到彼此的情况谈到一切，就是不谈我们的商务合作。

原文中用一个动词“talk”统领全句，后面的相似结构都省略掉了动词，只用了介词。而中文中不能丢掉动词，只用介词或副词来表达原句的内容，所以将动词进行了重复性的表达，同时也起到了强化原句意思的目的。

例 3：

英语原文：He is proficient both as a flyer and as a navigator.

参考译文：他既精于飞行，又善于导航。

原句中只用了一个形容词来描述主人公的干练特点，只重复使用了介词“as”来表达主语的两种身份。在译文中用“精于”和“善于”两个类似的词语重复原文的含义。

例 4：

汉语原文：眼不见，心不烦。

参考译文：Out of sight,out of mind.

这句话是大家很熟悉的习语，在英汉两种语言中都有重复的表达，也是比较固定的表达。由此得出，两种语言有时是可以同时使用重复法来表达意思的，这样的翻译过程也是使用的重译法。

例 5：

汉语原文：判断我们各方面工作的是非得失，归根到底，要以是否有利于发展社会主义社会的生产力，是否有利于增强我国的综合国力，是否有利于提高人民的生活水平为标准。

参考译文：In the final analysis, the criterion for judging the success or failure of our work in various fields is whether it helps to develop the productive forces of socialist society, to strengthen the overall capacity of the country and to improve the people's living standards.

原文一连三次使用“是否”，强调了这个判断工作好坏的标准。整个句子形成排比，气势恢宏。而译成英语时，如果每个分句都使用“whether”则会使译文略显松散与拖沓，影响文章的整体效果，同时也不符合英语的习惯。所以“whether it helps”只需使用一次，起到统领的作用，后面只需用一个介词来表达排比即可。

通过举例，可以看出英汉两种语言中都会存在重复的现象。如果两种语言相对应的翻译表达中都有重复，则可以顺其自然地翻译。如果只有其中一种语言需要使用重复的表达才增强效果，另一种没有或者不需要，则需要译者认真考虑是否使用重译法，以达到切意、强调、明确或者生动的目的。

其次，分译法不仅可用于拆译长句，也可用于拆译简单句和短语，甚至可以拆译单词。故下面从单词的分译、短语的分译、单句的分译、长句的分译这 4 类来具体举例分析。

（1）单词的分译

单词的分译是指把原文中的一个单词译成独立成分、从句或并列成分。如表 4–3–4 所示。

表 4–3–4　单词的分译实例

单词分译	英语原文	参考翻译
形容词拆分	He crashed down on a protesting chair.	他猛然坐到一把椅子上，椅子被压得吱吱作响。

续表

单词分译	英语原文	参考翻译
副词拆分	He tried vainly to talk us into agreement with the unrealistic proposal.	他试图劝说我们同意接受这项不切实际的建议，但还是白费力气。
名词拆分	He shook his head and his eyes were wide, and then narrowed in indignation.	他摇了摇头，两眼睁得圆圆的，接着又眯成一条线，脸上露出了愤怒的神色。
动词拆分	The maximum demand for electricity today is expected to double within a decade.	可以预料，目前对电的最大需求量在十年内有望增加一倍。

（2）短语的分译较单词的分译更常见

短语的分译在英语中常将短语用作修饰语，而汉语常用短句表达其意思。在此类情况下，可在短语结构松散处断开，使译文更符合汉语的表达习惯。如表4–3–5所示。

表 4–3–5　短语的分译实例

分类	英语原文	参考翻译
分词短语	She sat with her hands cupping her chin, staring at a corner of the little kitchen.	她坐在那儿，双手托着下巴，凝视着小厨房的一角。
名词短语	The station chief would have to be close to the director,a member of the inner circle.	这位站长不得不接近董事，因为董事是核心集团的成员。
介词短语	With all his faults,I like him.	尽管他身上有种种缺点，我依然喜欢他。

（3）长句的分译

英文句子主干通常很短，但其中各类从句如主语从句、宾语从句、定语从句、状语从句、同位语从句等被频繁使用来表达不同的言语功能，同时也给英语句子增添了色彩。英语主从复合句中的从句有时采用分译法去处理，适当的断句，反而更符合汉语简单扼要特点的要求，也让译文变得顺畅、易懂。

例如：对原文长句进行拆分翻译。

英语原文：A World Bank report released at the time of the conference, which ended on 10 November, insists that Vietnam's overall growth will depend more on its own policies than On the volume of external financing.

参考译文：在11月10日结束的巴黎会议上披露了一份世界银行的报告。该报告反复强调越南经济的全面增长将更加倚重于其国策，而并非外来资金的数额大小。

（4）单句的分译有些英语句子结构奇特

在汉译的时候并不能将其句子成分对号入座。因此，根据汉语的表达习惯，比较合乎情理的做法是将句子结构打散，分别译成两个或两个以上的句子。

例如：

英语原文：What can easily be seen in his poems are his imagery and originality，power and range。

参考译文：他的诗形象生动、独具一格，而且气势磅礴、题材广泛。这是显而易见的。

综上所述，翻译方法其实就是一种语言的变通技术。但是什么时候、以什么形式进行变通，需要通过对英汉两种语言进行对比研究，特别是要对汉语表达习惯非常熟悉精通，从而才能进行必要的斟酌推敲，作出的恰当选择。

第四节 意译法与回译法

一、意译法与回译法的使用背景

语言是文化的一种表现形式同时也承载着文化的发展。不同的民族在文化上既存在着差异又有着千丝万缕的联系，既存在个性又有共性。这种不同文化之间的共性使得翻译成为可能，而两种民族文化的个性又给翻译设置了一定的障碍和困难。并且随着世界各国之间经济、文化交流的加强以及我国对外发展业务的拓展，两种语言之间的互相影响力也在加强，来自国外的一些“舶来品”悄然进入中国文化和语言，也将汉语言文化渐渐引入一些英语国家。比如近年在汉语中出现的很多流行新语和表达方式，如比基尼、脱口秀、丁克家庭、猎头公司等，当然这种“舶来品”中有专有名词，有概念术语，也有直接引语和文献等。

在这种情况下翻译时如果按字面意思直译，有些情况下可能并不能确切表达原文的真正含义，有时还会丢掉关键信息，引起误解。要译出原文的真正含义，就要求译者根据具体情况，采取变通方法，对语法和词汇作适当调整，或进行解释性翻译，或说明具体内容，这就是意译。

而如何正确、恰当地译出国内人名、一些专有名词以及古诗词作品也极其重要。如："脱口秀"的说法本来源自英语国家，因此在翻译回英文的时候就可以直接回译成"talk show"；而"Beijing opera"可以回译为"京剧"。对这些词汇的回译可以在译出原文的真正含义的前提下，让译文的读者一目了然。

而在翻译实践中，回译法也常常被用来检验译文质量和翻译教学的效果，还可以作为一种翻译策略，帮助译者正确、恰当地译出原文，使其更加符合源语文化。除此以外，回译法还可以作为语言研究和翻译研究的辅助工具。当然，回译的定义根据目的不同而不同。在此讨论的回译是作为一种翻译方法，指的是对译文进行再次翻译，即把自己或别人的译文再翻译回原文。回译是一种翻译活动，只不过是以译文为原文的翻译。这种翻译方法在英语里被称为"Retroversion"或"Back Translation"。

二、意译法与回译法的概念

意译法是翻译过程中常用的一种翻译方法。一提到意译，人们就会自然而然地想到直译。直译是在译文语言条件允许的情况下，在译文中既保持原文的内容，又保持原文的形式的一种翻译方法等。而意译作为直译的相互关联的对应概念，常常被一起提出来。当原文思想内容或文化内涵与译文的表达形式存在矛盾，照实翻译不易被译文读者理解或不通顺时不宜采用直译法，可以运用意译法，即不作逐字逐句地翻译，而根据原文的大意来翻译。翻译时，以目标语为导向，用规范的译文语言把原文的意思表达出来；它强调传神达意，而不是照搬形式；它通过对原文的语言结构及修辞方法的变动来保证译文的流畅自然。

例如：用汉语的结构进行表达。

英语原文：She liked to be with him better than with others.

直译：她喜欢和他在一起，胜过和别人在一起。

意译：她觉得跟他在一起最开心了。此例中直译句子并不是地道的且容易被人理解的表达，因为原句的语内翻译本来是 She liked to be with him, which is better than with others.

如汉语古训“塞翁失马，焉知非福。”若直译为When the old man on the frontier lost his mare, who could have guessed it was a blessing in disguise？似乎无法体现成语要表达的因祸得福的意思。因此，此时宜采用意译法，将其译为“A loss may turn out to be gain”.

翻译，就其本质而言就是语言的转换，指译者运用一定的翻译方法，将来源语转化成目标语的过程。在这一过程中，由于两种语言之间可能存在的语言习惯、文化传统等方面的差异，译者往往会采取直译、意译、音译，或归化、异化等的方法对原文进行加工改造，以使译文的句子通顺文辞达意，从而实现自己的翻译目的。而在翻译过程中，回译是个特殊形式，它特殊的地方在于它是前一翻译过程的回逆，目的在于使译文或者目标语“回家”，从而还原源语文化。在现有回译研究理论中，学术界对回译法主要有两类定义，一类定义认为回译是超越翻译学范畴以及基于文化层面的界定，是一个普通的翻译学概念，它指的是将他人的译语文本再翻译回归原语文本的过程；另一类为国内大多数学者所采用的看法是基于翻译学语言层面的界定，强调回译过程中的语言层面问题，认为回译就是对译文进行再次翻译，即把自己或别人的译文再翻译回原文。

三、意译法与回译法在翻译中的使用

（一）意译法在翻译中的使用

意译法的应用常常出现在原文与目标语体现出巨大的文化差异的情况下，在翻译过程中，意译法是一种常用的翻译方法，尤其是在对成语典故、谚语、诙谐妙语及某些具有文化特色的词汇翻译方面发挥着很大的作用。意译讲求要入乡随俗，要根据原词或原文的意思选择和它较对应的表达。它的使用大致有以下3种情况。

1. 翻译英语中的大量诙谐妙语

英语中的诙谐妙语都是一些生活中提炼的智慧语录。西方人喜欢用大量的诙谐妙语，其中蕴含着智慧和其特有的幽默。这些妙语佳句如果用直译并不能完全表达出其意思，此时比较适合采用意译法。如“When the going gets tough,the tough gets going.”简单地直译成“当进行中遇到困难，困难才能通过”，就让人很难理解，反而用汉语中的“艰难之路，唯勇者行”或者“狭路相逢勇者胜”能让人很好地理解原文的含义。类似的例子还有很多。

例 1：

英语原文：Early to bed and early to rise,makes a man healthy,wealthy, and wise.

参考译文：早睡早起，体健、财多、脑子好。

例 2：

英语原文：The most important thing in communication is to hear what isn't being said.

参考译文：交流最重要的是听出言外之意。

2．翻译具有文化特色的词语

文化差异以及表达习惯的不同，往往给词语翻译工作带来意想不到的困难。要将具有国家或民族特色的词语和概念准确、合适地转换为外语的对应词语，并不是一件简单的事。在各种翻译策略中，意译法舍弃了词汇本身具有的字面意义和语言形式，着眼于传达词汇的文化信息。这样能够很好地传递词汇所要表达的内涵，不至于让译文读者停留在对字面意义的理解上。因此，意译法也成为翻译具有文化特色和文化内涵的词语时经常采用的翻译策略。

例如：

compulsory education 九年制义务教育

higher education examination program for self-taught 自考（教育）

jobless migrants from rural areas to cities 盲流

preserved egg 皮蛋

sweet dumplings made of glutinous rice flour 元宵

perform the marriage ceremony 拜堂

3．翻译大量成语典故和谚语

由于两种语言国家之间文化的差异，有时有些成语典故和谚语如果用直译的方法可能会令人费解，这时就需要采用意译来避免直译原文造成的晦涩难懂。例如，对两种文化中俗语的意译。

例1：

英语原文：When I said that her new hairstyle was quite out-dated, she told me that 1 was a sour grape.

参考译文：当我告诉她，她的新发型很过时时，她告诉我说我是由于妒忌她才会那样讲。

例2：

英语原文：Do not try to teach your grandmother to suck eggs.

参考译文：不要班门弄斧。

以上各例中的黑体字部分如果用直译，就会让人感觉云里雾里，摸不着头脑，这反倒不如意译过来自然通顺，且容易理解。

同样，英语中有些词语的表达也富有其西方文化的蕴意，如“god father”译为“教父”，此处我们不能仅按照字面意思译作“上帝的父亲”，又或者是“上帝”，而要结合西方宗教文化来翻译这类词汇。英语中drugstore有些时候不能仅仅按字面直译为“药店”，其与汉语中的“药店”不同。drugstore在美国除了出售药物之外，还可以卖食物、饮料等，因此，我们可以把它意译为“杂货店”。类似蕴含西方文化的词语还有“Dutch uncle”译为“动辄训人的人”“blue Monday”译为“郁闷的星期一”“whistle stop tour”译为“竞选人在竞选旅行中为发表简短讲话或做短暂露面而在小城镇的短暂停留”“able seaman”译为“一级水平”等。

（二）回译法在翻译中的使用

翻译作为一种文化交流活动，在这个过程中我们吸收了一些西方文化，同时也向外传播着中国文化。被吸收的文化成分在彼此语言文化中部分表现为一些专有名词、概念术语、文献资料以及一些外来词语。在回译这些带有很深文化印记或文化特色的词汇、词组或句子的时候，一般不需要去增加任何创造性的修饰成分。作为一种翻译方法，回译法多在词和词组层面进行，较少在句子层以上。如唐老鸭（Donald Duck），有声邮件（voice mail），情商（emotion quotient）等。下面从专有名词、文献资料、概念术语以及直接引语等方面分别举例说明回译法在翻译中的应用。回译现象不仅出现在汉译英当中，在英译汉中也同样存在。

1. 概念术语的回译

在翻译实践中，尤其是翻译一些专业性强的文件资料时，常会遇到一些术语。这些术语是特定学科领域里用来表示概念的称谓的集合，在我国又称为“名词术语”或“科技名词”(不同于语法学中的名词)。回译这些术语时，为避免指代不明，也应遵从“名从主人”则。例如，物理学中的术语“牛顿运动定律”为英文时可直接回译为“Newton’s laws of motion”，类似的还有“达尔文学说”译为“Darwinism”“哥德巴赫猜想”译为“Goldbach's conjecture(hypothesis)”“多普勒效应”译为“Doppler effect”等。

2. 名词的回译

表示具体的人或事物、地点、机构、团体、国家、节日等名称的词被称为“专有名词”。专有名词涉及众多学科领域的知识，反映各民族的政治、经济、文化、教育、科技等发展情况。对专有名词的翻译一般会遵循统一原则和约定俗成的原则，当一种事物名称的译法被接受和认可后，这种译法就会成为惯用译法。例如，白求恩的英文名字为“Norman Bethune”，在回译时就应该译作外国人所熟知的原英文名。类似的还有李小龙，被外国人所熟知的常用名是“Bruce Lee”，因此不要译作“Li Xiaolong”；借自汉语的表达“Confucius”，译回汉语的时候应该译作“孔子”。

同样地，地名“the Summer Palace”译作“颐和园”本名《纽约时报》回译为“The New York Times”，节假日名称“New Year’s Eve”回译为除夕，机构团体名称“国际足球联合会”译作“International Federation of Football Association”等。对这些专有名词的翻译应遵循“名从主人”，采用回译法，以还原其本来面目。

3. 外来词汇的回译

随着社会以及科学技术的不断发展，各个学科领域都会出现一些新事物、新现象，人们对客观外界也会不断产生一些新认识、新观点。因此，反映当时事物和现象以及人们思想认识的词语就会应运而生。这些新生词语让语言本身不断地丰盈起来，也逐渐被其他语言文化所吸收，借入其文化中成为外来语。例如，引入汉语中的“模特”“雪茄”“拷贝”“沙龙”“休克”等词语，在译成英文时则需要采用回译法，分别译为“model”，“cigar”，“copy”，“saloon”，“shock”。

而中国文化传入国外后，也使得一些词语，尤其是具有文化特色的词汇有了对应的译语。如“太极拳”译为“Tai–chi Chuan”“炒面”译为“chow mein”。此类词语在译回中文时，可以直接采用汉语中的说法，“完璧归赵”才不至于丢失词汇本身所带有的语言信息和文化信息。

4. 文献资料的回译

比如一本著作的名称，不同译者可能会有不同的翻译版本。但是，不论它的译本为何，在回译成英文或中文时都要尽量采用文献资料的原译或原称，以还原其本来面目，保留作品特色。

例如：

亨利·戴维·梭罗（Henry David Thoreau）在其作品《瓦尔登湖》中引用了论语中的句子，将其译为《To know that we know what we know,and that we do not know what we do not know，that is true knowledge.》我们在翻译为中文时，则需要回译为《论语》原句“知之为知之，不知为不知，是知也。”

林纾所译的《孝女耐儿传》在回译时就要译成“The Old Curiosity Shop。”

霍克斯将屈原的《楚辞》英译为“Chu Tzu：The Song of the South。”但是，在回译时就不宜译为《南方之歌》，而是回归原著的叫法《楚辞》，保留作品名称本身带有的特色。

四、实例分析

（一）意译法实例分析

如前文所述，意译是为了将原文转化为自然流畅的译文，而将原文表层语言结构打破或重组。换句话说，就是打破原文语言形式的束缚，用译入语的习惯表达形式把原文的思想内容完整再现出来。但要注意的是，在意译过程中要掌握好度，不能过于随意发挥，更不能捕风捉影地进行编造或杜撰，否则就会偏离原文的内容与风格，扭曲原文作者的真正意图。

例 1：

英文原文：Justice has long arms.

参考译文：天网恢恢，疏而不漏。

对于此句的理解，如果仅仅从字面上看它的表层意思是“法律有长胳膊”。这样的说法恐怕是很难让人理解的。如若仔细分析其要表达的深层含义，不难发现此句所要表达的是“法律的威力是强大的，天道公平，作恶就要受罚。罪犯不管逃到哪，都逃不过其手掌心，终将会被绳之以法。”因此，可以将此句意译为“天网恢恢，疏而不漏。”

例 2：

英文原文：meet one's waterloo

中文译文：一败涂地。

“waterloo”作为名词指的是地名“滑铁卢”。对于这个表达不能按字面意思译为“遇到某人的滑铁卢”。此处要恰当译出该短语，就需要了解语言出处的相关历史 1815 年拿破仑的法军大败于著名的比利时滑铁卢战役，这也是拿破仑的最后一战。战败后他遭放逐，自此退出历史舞台。“waterloo”后引申为“大失败，惨败”之意。

例 3：

英文原文：swan song

中文译文：最后的作品。

“swan”指的是天鹅。“swan song”按字面意思直译的话为“天鹅之歌”，这样未免让人费解。这个短语实际源自西方一个古老的传说。据说，天鹅平素从不啼鸣，可是当它预感到死之将至时，就会引颈长鸣，歌声哀婉动听。因此“swan song”原指的就是天鹅临死前发出的最后的歌鸣，后转义为“(诗人，音乐家等的)最后作品或告别演出”。在翻译实践中，对于典故或引自典故的表达比较适合采用意译法，这样才能准确地传达其深层含义。

例 4：

英文原文：Moon Rabbit

中文译文：玉兔。

此处“玉兔”指的是一种商品标识。若直译为“Jade Rabbit”，只会让国外消费者联想到“玉石雕琢而成的兔子”，与本意相差甚远。在我国古代神话传说中，玉兔是陪伴嫦娥仙子生活在月宫桂花树下的洁白的兔子。也正因此出处，提起玉兔人们就会自然而然地联想到嫦娥奔月的故事，它也就成了月亮的代名词。如若译作“Moon Rabbit”，不但表达清楚了它的所指，也体现了中国文化。同时，“Moon Rabbit”更好地利用了人们的“联想心理”，也带有一种浪漫诗意的意境。

例5：

英文原文：inequality/imparity clause

中文译文：霸王条款。

“霸王条款”一词在英文中并没有相关的表达，因此关键是要怎么去译“霸王”这个核心词汇。“霸王”在英语中是“overlord”，但是该词强调的是对方对某事情有权威性，并不能表达出“霸王条款”所蕴含的意思。尽管单词“inequality”或“imparity”只是表达了“不公平、不平等”的意思，缺少了对“霸王条款”中所涵盖的“霸气”一词深层意思的体现，但是至少这种译法避免了成为“假朋友”的嫌疑。

例6：

英文原文：sell well/command a good market/be a promising market for

中文译文：畅销。

“畅销”一词是最为常用的商业术语，在英语中有多种的表达方式，其中与汉语“畅销”字面意义相符的很少，如在“sell well”“sell fast”“well-sold”“be good sellers”等表达中也只是能找到“畅”“销”二字的对应译词，有些仍打破了原本的语言结构，形成新的表层结构。对“畅销”的翻译大多采用意译法，且形成固定搭配。如“The products have commanded a good market at home and abroad.”译为“该产品已畅销海内外”。

此外，还有下列通过意译法翻译的短语：

to swim like a stone 旱鸭子

technical know-how 专有技术

money-oriented/money mad 认钱不认人

education for all—round development 素质教育

achieve the goal of ensuring our people a relatively comfortable life 实现小康目标

cash crops/industrial crops 经济作物

export-oriented economy 外向经济

Penny wise, pound foolish. 小处节约，大处浪费。

hold the bag 背黑锅

all talking at once/everybody being eager to put in a word 七嘴八舌

be very popular 很吃香

Sub—district office 街道办事处

secure employment 铁饭碗

establish an unified, open market with orderly competition 形成统一、开放和竞争有序的市场

bring new vigor and vitality into 注入新的生机与活力

overcome differences and seek common ground 求同存异

talk shop all the ti me 三句话不离本行

A spineless man 软骨头

competitive products/knock-out products 拳头产品

a superman 三头六臂

Great men's sons seldom do well 富不过三代

economic regime 经济体制

staff only 办公区域，游客止步

（二）回译法实例分析

在文化交流日益频繁的当前时代，语言文化也在不断地互相汲取营养。翻译时要兼顾源语和目标语的文化背景和信息内涵，不能够自以为是，必须要有“回译”意识。在英语翻译过程中有些从英文翻译过来的中文采用的意译法，那么在将其回译时，就不能按照中文的字面意思去进行直译，而应当按照英语原来的说法复原。同样，被借入国外的汉语词汇或表达，在回译成汉语的时候，也要遵循一致和统一的原则。

例 1：

英文原文：manufacturer's recommended price

中文译文：厂家建议零售价。

购买商品时，常可见到“厂家建议零售价”的字样。厂家所制定的“建议零售价”是零售商的利润保证，而实际上零售商常低于建议零售价出售商品以鼓励人们购买，在英语中常用“manufacturer's recommended price”来表达。

例如：

汉语原文：所有的打字机均比厂家建议零售价低20%。

英语译文：All typewriters are 20% off the manufacturer's recommend price.

例2：

英文原文：United States Department of Commerce

中文译文：美国商务部。

汉语中“美国商务部”的说法是由英语“United States Department of Commerce”翻译而来。因此，在将其翻译回英语时应该采用回译法，而不是用“Department of Business Affairs”等之类的表达。例如：

汉语原文：商务部是一个高度多样化的机构。

英语译文：The Department of Commerce is a highly diversified organization.

例3：

英文原文：Musikverein。

中文译文：维也纳金色大厅。

我们常说的“维也纳金色大厅”实际上指的是维也纳音乐协会大楼里的一个音乐厅，也是世界上著名的音乐厅之一。对“维也纳金色大厅”的译法有多种，而英语媒体一般喜欢用“the Golden Hall”或者“the Musikverein in Vienna”指代。实际上，维也纳金色大厅有其自己本土的译法，即“Musikverein”。因为约定俗成，翻译时有必要采用回译。

例如：

汉语原文：音乐会在维也纳金色大厅举行。

英语译文：The concert was held at Musikverein.

例4：

英文原文：pyramid selling scheme

中文译文：传销活动。

传销指一种多层次相关联的经营方式，对应在国外就是指“pyramid selling scheme”（金字塔式销售）。翻译时应采用回译法，还它以本来相貌。

例如：

汉语原文：传销活动在中。国被视为非法。

英语原文：Pyramid selling is ruled out as illegal in China.

例 5：

英文原文：special economic zone

中文译文：经济特区。

中国特有的商务词汇或术语是中国在经济发展中形成的，在其他语言中很难找到对应的词语。“经济特区”是指在中国领土上划定一定范围（一般是交通便利的东部沿海地区或有对外贸易历史的地区），在对外经济活动中采取较国内其他地区更加开放和灵活的特殊政策的地区。因此，在将英文”special economic zone“回译成中文时，需要译成中国比较熟悉的惯用说法“经济特区”，而不是“特别经济区”或其他名称。

例如：

英语原文：Shantou is a prosperous city，one of special economic zone.

参考译文：汕头是一个繁荣的城市，是经济特区之一。

例 6：

英文原文：annual general meeting（AGM）

中文译文：年度股东大会。

年度股东大会是在法律意义上要求必须召开的会议，公司董事在大会上向股东通报公司的经营业绩、未来前景及未来发展规划蓝图。在英语中有对应的表达“annual general meeting”，因此翻译时须采用回译法，这样译文读者才能明白其所指。

例如：

汉语原文：如今，拖延已久的年度股东大会终于可以召开了。

英语译文：Today,the long-delayed annual general meeting of shareholders can finally be held.

例 7：

英文原文：state-owned enterprise

中文译文：国有企业。

我国的国有企业不但包括由中央政府投资参与控制的企业，也包括地方政府投资参与的企业，其英文是“state-owned enterprise”，这一翻译已被广泛接受，成为英语中约定俗成的说法。

例如：

英语原文：To state-owned enterprise,it is a totally new and important task.

参考译文：对国有企业来说，这是一个全新而重大的课题。

下表为一些回译法参考词汇：

headhunter 猎头公司

financing channels 融资渠道

flair tending 花式调酒

housing project for low-income urban residents 安居工程

the monitoring system for projects 工程监理制度

export credit 出口信贷

deflation 通货紧缩

the principles for commercial credit 商业信贷原则

follow-up auditing 跟踪审计

foreign exchange revenue and spending 外汇收支

the safety of state-owned assets 国有资产安全

Dow-Jones Index 道琼斯指数

tax evasion.Tax fraud and refusal to pay taxes 偷税、骗税、逃税、抗税

pay spine 浮动工资

loan quality 贷款质量

inflation 通货膨胀

General Affairs Department 总务部

Human Resources Department 人力资源部

Personnel Department 人事部

General Accounting Department 财务部

第五章 跨文化视角下英语实用文体翻译

本章主题为跨文化视角下英语实用文体翻译，依次分析了跨文化视角下商务文体翻译、跨文化视角下法律文体翻译、跨文化视角下科技文体翻译、跨文化视角下文学文体翻译四部分内容。

第一节 跨文化视角下商务文体翻译

一、商务英语的内涵

商务英语，顾名思义是指在跨文化商务交际过程中所使用的英语。商务英语是服务于商务活动的一种具有专门用途的英语体系。随着世界各国经济的快速发展，以及越来越明显的经济全球化趋势，商务英语已逐渐成为跨文化商务活动中重要的交际工具，以及人与人之间沟通的桥梁。商务英语服务对象的特殊性，决定了商务英语在用词、句法、文体等方面与传统的英语有许多不同之处。

在我国，商务英语主要应用于国际贸易与交流，因此也被称为“外贸英语”。商务英语在大学教育中指的是商务英语专业下的商务英语学科知识体系，主要用来传递知识与信息，能够突出反映国际商务学科领域的特征和发展情况，具有明显的学科性。

从字面意义上理解商务英语，可以发现其包含“英语”和“商务”活动两部分。但是，商务英语的含义绝不是这两部分的简单相加，而是这两部分的互相融合、互相渗透，缺一不可。

商务英语是一种职业语言，有其使用的特定语言环境。同时，商务活动和语言是密不可分的，商务活动的顺利进行需要商务活动参与人对语言的合理运用及对词汇语法资源的适当掌控。

二、商务英语的文体特点

（一）格式规范统一

商务英语是国际上处理各类商务事宜时使用频率最高的语言之一。来自不同国家、不同地区的人都以英语为媒介协商与处理相关事务，从而实现各自的预期目标。这就要求商务英语采取统一、规范的格式，尤其是在一些具有重要意义的法律文件中。只有采用了统一、规范的文本，才能使交易双方的权利、义务用文字明确下来，确保来自不同国度、使用不同语言的贸易双方的权益不受侵害，为双方顺利开展贸易合作打下坚实的基础。

（二）表述条理清晰

商务交际具有复杂性与高效性的特点，这就要求商务英语的表述必须做到主次分明、条理清晰。具体来说，商务英语应使用相对固定的表达形式，极力避免逻辑混乱、态度暧昧或观点不清等问题，必要时还可以附上范例、说明、图示等。这样才能使交易伙伴在最短的时间内把握核心内容，并作出回应。下面以商务说明书为例进行分析。

商务说明书常常通过对产品的性能、原材料、功能等方面的介绍，达到宣传产品、吸引消费者的目的。为此，商务说明书往往是在对顾客心理进行深入分析的基础上，按照顾客的思维逻辑来组织语言的，其目的在于吸引顾客的注意力，促使顾客驻足购买。概括来说，商务说明书通常遵循“标题—正文—落款”的表述条理。

1．标题

标题既可以直接使用“产品简介”“操作说明”等，也可以以商品名称为“标题”。为凸显商品特色，还可以在商品名称之后增加副标题。此外，标题还可以向消费者表明商品的注册商标、生产厂家等信息。

2．正文

作为说明书的核心部分，正文通常包括 5 个方面的内容，如表 5-1-1 所示。

表 5-1-1　商务说明书正文内容

序号	商务说明书正文内容
1	商品概况（名称、发展史、产地、制作方法、规格等）
2	商品的性能、规格、用途
3	安装和使用方法
4	保养和维修方法
5	附件、备件及其他需要说明的内容

由于类别与功能的不同，正文的内容可对以上几项有所取舍。

3. 落款

在落款部分，通常需要注明生产厂家和（或）经销单位的名称、地址和联系方式等，以便于消费者咨询。

（三）措辞婉转礼貌

为了创造和谐、友好的交际环境，营造良好的交际氛围，商务英语通常使用一些礼貌、委婉的表达方式。这对于交际双方避免尴尬与冲突、妥善处理矛盾与纠纷具有不可估量的作用。概括来说，商务英语的委婉、礼貌通常有以下 5 种表现方式。

1. 使用过去时

商务英语中使用一般过去时来表达现在的愿望、请求、建议等，既可以创造出一种时间距离，又可以表达商量的语气，从而给对方留有足够的余地，促进交际的顺利进行。

2. 使用进行时

由于进行时常表示暂时进行的动作，因此商务英语常通过使用进行时来表达观点。这就意味着请求不是深思熟虑的结果，而更像是一时的想法，从而使双方都保全了面子。此外，使用进行时还可以礼貌地使对方也参与到对话中来。

例如：

英文原文：We were discussing the terms of payment and the shipment.

中文译文：我们昨天讨论了付款方式和装船事宜。

例句使用了进行时，这就使听话人感觉交流尚未结束，自己可以随时加入，因而营造了良好的谈话氛围。

3. 使用虚拟语气

国际商务活动常涉及交易价格、保险、装运、索赔等与利益相关的敏感内容。双方在交际过程中常常会提出自己的意见，当不能得到满意答复时，甚至会提出请求乃至命令。为将交际中“威胁对方面子”的负面影响降至最低，商务英语常使用虚拟语气。

4. 弱化肯定语气

一些具有弱化功能的表达方式，如“think”“hope”“regret”“please”等可使建议更加容易被接受，从而有利于商务交际目标的实现。

5. 委婉否定

当交际一方不能接受对方的请求或建议时，如果直接使用否定句“I cannot accept at all”或“I don't agree”，既会损害对方的面子，又不利于取得满意的沟通效果。此时，交际方应使用一些固定的委婉拒绝表达法。

例如：

英文原文：We presume that there must be some reason for your having trouble with this article.

中文译文：我们认为你们在这项条款上一定有什么困难之处。

本例没有直接使用否定句，而是从对方角度出发来进行分析，其礼貌度和可接受度比直来直去要好得多。

（四）语言简练清晰

随着社会的发展与科技的进步，人们的生活节奏在逐渐加快，越来越多的人更加重视商务活动的交际效率。具体来说，商务活动的参与者越来越希望在更短的时间内处理更多的问题，实现更大的交际效益。因此，在交际过程中，商务英语的表达必须简练明了，避免模棱两可、拖泥带水，甚至烦冗重复。试比较下面几组句子。

例 1：

① We will write to you at an early date.

② We will write to you soon.

中文译文：我们会马上给您回复。

例 2：

① I am afraid I am not in the position to grant your request unless you inform me of the reason why you need this information.

② I am afraid I cannot provide this information unless you tell me why you need it.

中文译文：很抱歉，如果你不能告诉我你为何需要此信息，我就不能告诉你。

每组中的①句均存在用词啰唆冗余的问题，而②句在保持原意的同时使用了简洁的方式，从而使语句内容更加清晰，行文更加流畅。

此外，为使表达更加简练，商务英语还常省略“that”“which”等关系代词或连接词。

例如：

① We are pleased that we have received the catalogue that you sent us on January 1.

② We are pleased to have received the catalogue sent to us on January 1.

译文：我们很高兴收到了 1 月 1 日寄来的目录表。

在上面的句子中，②句既保留了原意，又通过省略“that”“which”等词，使表述更加简洁明了。

三、商务文体翻译文化对比研究

中文和英文本身都具有自身的明显特性。两种语言无论在翻译理论方面，还是在翻译实践中，都渗透着各自不同的文化特色。通过对比中国和英语国家语言和文化的不同，可以为不同语言和文化地区的人们搭建更好地沟通桥梁。汉语和英语翻译上的差异主要表现在词汇形态，拼写，发音及语法上。但是语言文化，例如单词、句子、篇章等的对比处理，对于翻译是更为重要的。特别是对于特定领域并且具有独特文化内涵的内容，从语用的角度进行对比分析是非常重要的。在此基础上，我们从词语、句子、篇章、语用四个方面，论述不同语言、不同文化在商务英语翻译中的影响。

（一）词语的对比

在商务文章中，除了呈现本民族的文化特色外，常使用高度专业化的词汇。一个词可能有多种不同的解释，因此在翻译时，译者不仅要考虑词语的一般含义，而且要结合特定的商务文化背景来推测其真正意图，并注意目标语言的专业用语。在对词语进行对比翻译时，主要遵循以下原则：从词语的字面含义中筛选出最符合其所要表达意思的准确含义，同时还要符合翻译的语言和文化特征。

例如：

It seems that,the more traders try to predict,the more it cannot be done.Just as we cannot predict future life events, we cannot predict future market events.The fantasy or "holy grail" that many traders believe in is that we can predict the future of price activity The reality is that we just cannot！ I hope I am not bursting any bubbles out there,but better to hear it now than lose a ton of money later！

译文：似乎，交易者越是试图预测，就越无法做到。正如我们无法预测未来的生活事件一样，我们也无法预测未来市场事件。许多交易员相信的幻想或"圣杯"是我们可以预测价格活动的未来。现实是我们无法预测我希望我没有打破任何幻想，但现在听到它总比以后损失一大笔钱好。

英文"holy grail"的翻译是"圣杯"，这是一个来自西方文化的词。但是中文中因为没有符合的词语来表达，所以翻译成字面意思外，要更好地理解其意思应加入相应的注释。通过这种方法，我们可以大致理解"圣杯"这个词的意思。

我们注意到很多学生将"trader"译为"贸易者"或"贸易人员"。这种译法不符合原文的语言环境，缺乏中文专业性。因此，在翻译过程中，在理解原作词汇的意义的同时，也不能忽视选择适合特定商业环境的汉语词汇，正确表达专业用语这一方面。

（二）句子的对比

英语是一门注重主语为中心的语言。谓语与主语的一致是其最基本的形态。但是汉语注重话题，汉语的谓语和主语之间的关系不像英语那样严苛。因此，在翻译过程中，必须根据英语和汉语的不同特点，对原句的句文结构进行相应的调整，以便更好地适应原句的文化特征。这种调整表现为语序的变化，即句子的各要素以及各句子之间排列顺序的变化。句子结构的调整也可以是句子结构的要素的改变，增加或减少。例如，我们把英语中的主语换成汉语的动词，并相应地调整了语义。

例 1：

英文原文：The installation should be commenced as soon as all the remaining problems have been cleared up.

中文译文：所有遗留问题解决后，应立即开始安装。

在英汉翻译过程中，常常需要对句子进行逻辑上的重新组织，以实现更准确地表达。通过考虑篇章中句子的排列特点，我们可以对句子结构进行分类，主要从空间结构、时间顺序以及时空共构等三个方面进行。下面这个例子中的翻译就在空间结构方面进行了较大的调整。

例 2：

英文原文：Since World War I,the American economy has been on a “throwaway” basis,making shoddy-products that break or wear out quickly on the theory that the sooner product wears out,the sooner the need for purchase.

中文译文：自第一次世界大战以来，美国经济一直处于“一次性”的基础上，根据产品越早磨损，就越早需要购买的理论，生产出劣质产品，这些产品很快就会破损或磨损。

（三）篇章的对比

翻译活动不是指孤立的词句，而是处理相互关联，制约的词语和语句，达到特定的交际目的，并按照特定的格式将它们有机地组织成语篇。事实上，语篇研究更多的是关注话语的结构与语境。在语篇层次上，译者要对商业领域中的行业规则以及相关的背景知识了如指掌，对每一个商业过程中所用到的词汇以及商业语篇的表达方式和结构都了如指掌，保证翻译文本的专业性、整体性以及礼貌性，并力求在语调和功能上与原文保持一致。

以下是一封英文商务信函，使用简练明了的措辞，句子之间紧密连接，流畅紧凑，同时保持了专业和规范的特点，表达也很得体。

例如：

Dear Sirs,

We learn from Thomas H.Pennie of New York that you are producing handmade gloves in a variety of artificial leathers.There is a steady demand here for gloves of high quality at moderate prices.

Will you please send us copy of glove catalogue,with details of your prices and terms of payment? We should find it helpful if you could also supply samples of these gloves.

Yours faithfully

Tony Smith

与原英文商务信函一样，以下中文翻译版也遵循了商务信函的规范和礼貌模式，同时保持专业表述。

中文译文：

尊敬的先生：

我公司从纽约的托马斯·H．彭涅公司那里得知，你们正在生产各种人造革的手工手套。这里对物美价廉的手套有稳定的需求。

请寄给我们一份手套目录，详细说明你们的价格和付款条件。如果你们也能提供这些手套的样品，我们会觉得很有帮助。

采购部主任

托尼·史密斯

鉴于中英语言文化的差异，上述译文并非直译，而是根据中文商务信函的惯用语，将英文含义准确完整地表达出来。因此，在进行商务篇章的翻译时，必须结合中英语言文化的差异来处理。

（四）语用的对比

在翻译研究的理论和实践中，语境和对语境的研究是至关重要的。在翻译过程中，语境可能是文化语境，即与语篇无关的文化背景；也可能是情境语境，即原语言读者和目的语言读者共享的背景知识；另外，还可能是文本语境，即语篇内的信息内容。语用学作为研究语言使用的学科，无论采用哪种语用学理论，都以语境为核心研究对象。语用翻译对比研究的实质是在翻译过程中比较原语言和目的语言的各种语境（文化语境、情境语境和文本语境），然后选择目的语言中最合适的表达，既符合原语言的语境，又符合目的语言的语境。在英汉商务翻译中，需要对比不同的商务、语言和文化环境，然后总结出符合目的语言文化的表达方式，以确保目的语言读者能够真正理解原文的语用目的。

例如：

Mr.Soros'quantum fund is reputed to have made a billion dollar profit speculating against Sterling during the most recent EMS crisis.The Malaysian national bank,whose then governor is now otherwise occupied, lost more than that betting the other way (ironically,Mr.Soros himself admitted to losing $600.in speculation, notably in the Yen,early in 1994）.

尽管这篇英文并不长，但其中包含许多专业术语和特定的文化背景。通常，我们将EMS理解为特快专递，但在此上下文中显然并非如此。因此，在将其翻译成中文时，需要做出解释，以确保中国读者能够准确理解该词的意义。以下的译文采用了利奥·希基（Leo Hickey）在其言后等效翻译理论中提及的翻译过程中的解释方法。

中文译文：索罗斯的量子基金在最近的EMS危机中通过投机英镑获利10亿美元。马来西亚国家银行当时的行长现在正忙于其他方面的工作，但其损失超过了另一方面的赌注（具有讽刺意味的是，索罗斯本人承认在1994年初的日元投机中损失了600美元）。

语用翻译的研究涉及语用学的方方面面，如指示语的翻译研究、语用预设的翻译研究、会话含义理论的翻译研究、言语行为理论的翻译研究、礼貌原则的翻译研究、关联理论的翻译研究、适应理论的翻译研究、对比语用学的翻译研究、社会语用学的翻译研究、修辞语用学的翻译研究、跨文化语用学的翻译研究等。在翻译时，不论使用何种方法，都应综合考虑不同的语境，并根据原文语境进行翻译，以确保原文的核心含义不会丢失。

总结以上内容，在进行中英商务翻译时，除了考虑词语本身的字面意思，还需留意两种语言在词汇、句法、篇章和语用这四个方面的语言文化差异。通过对比两种语言之间的文化差异，使译文能够完整地传达原文的意思，并满足读者的需求。

第二节 跨文化视角下法律文体翻译

法律问题翻译广义上被称为“法律语言的法律文体”，通常涵盖宪法、法律、行政法规、条例、条令、条约、合同书、协议书、遗嘱、契约、规程、文凭、各类证书等。这些内容都被以法律文书的形式固定下来，并以书面形式存在。法律语言作为专用于法律文书的语言，具备独特的特点。

一、法律文体的语义特征

（一）法律术语的“单义性”特征

“单义性”是指一个术语只表示一个概念的特性。法律术语的“单义性”特征，指的是在特定的法系或法律体系中，一个法律术语只用来表示特定法律概念，而这一法律概念反过来只能通过这个法律术语来表达。法律语言与日常用语有所不同。在日常用语中，同义词或近义词的使用非常普遍。甚至在文学语言中，也鼓励使用同义词或近义词，以赋予文学作品更丰富多彩的韵味。但在法律语言中，应避免使用同义词或近义词，以确保语义精准、明确、固定。与日常用语相比，法律术语的“单义性”特征是显而易见的。有些词，在日常用语中是同义词或近义词，一旦成为法律术语即呈现出“单义性”。

（二）类义词

类义词是一组在语义上相关的词汇，这些词具有相同的词类，通常以连词“and”或“or”等组合在一起，常出现在句子的同一位置，表达着类似但略有不同的概念。这些词常常被误认为是同义词或近义词，但根据法律术语的“单义性”特点，我们知道它们并非同义词也非近义词。

（三）对义词

对义词是指表示相互矛盾或对立概念的词语，它们的意义存在逻辑上的矛盾或对立关系。根据帕尔默（Palmer）的观点，这些词相互对应，被称为“对义关系词”。孙懿华认为，法律领域中对义现象的存在是由法律工作的性质决定的。

通常情况下，法律工作涉及两个相互对立的利益方，例如刑事案件中的正义与邪恶、行为人与受害人；民事案件中的原告与被告；经济合同中的甲方和乙方等。这导致了法律术语中不可避免地存在大量对义词。

二、法律英语翻译的基本素质

（一）一丝不苟的工作态度

俗话说：法律非儿戏。法律文件的翻译，非严肃认真对待不可。差之毫厘，谬以千里。有时只不过错在一个字、一个标点的翻译上，但也有可能造成严重的法律后果。

例如：

The I/Cs shall be opened by a Chinese bank accepted by Party A and be payable in Swedish Kronor (SEK) with a bank to be appointed by Party A.

中文译文：信用证应由甲方接受的一家中国银行开出，并应以瑞典克朗付给甲方指定的银行。

上例中，“a Chinese bank”可以是任何一家中国的银行（在中国注册成立的、具有中国企业法人资格的银行），但被错译成“中国银行”（Bank of China）。原来申请人对开证行可有多种选择，但现在则只能找中国银行了。因此，正确的译文应为“信用证应由甲方接受的一家中国的银行开出，并应以瑞典克朗付给甲方指定的银行。”

（二）良好的中英文基础

要做好法律翻译工作，译者须有良好的源语和目的语语言基础。源语语言基础的好坏直接关系到对原文的理解。理解是翻译的基础，是翻译过程中最关键的一个环节，对原文缺乏透彻的理解，就谈不上忠实、通顺地用目的语将原文表达出来。

（三）熟悉法律专业知识

目前起草英文法律文件的律师多数是学英美法的，而起草法律文件所依据的法律又是中国法律，这就要求我们的法律翻译工作者既要熟悉中国法又要熟悉英美法，而且是懂得越多越好。懂得越多，翻译起来就越有把握。

三、法律与法律语体语言

法律是体现国际组织、国家或地方统治阶级意志或国际共同利益的强制性行为规范总和，由宪法、法律条文、法令、行政法规、条例、规章等构成，由国际组织、国家或地方制定。在现代汉语中，“法律”一词具有广义和狭义之分。广义中的“法律”指涵盖的整体法律体系，包括宪法、全国人大及其常委会制定的法律、国务院制定的行政法规以及某些地方国家机关制定的地方性法规等。而狭义的“法律”则仅指全国人大和人大常委会制定的法律。在英、美两国，法律的职能广泛地深入社会活动和日常生活的各个方面，它涉及国家的社会活动、企业团体之间的经济活动和家庭个人的日常生活。从立法到司法，从契约到租赁，从保险到期货，所有这些活动都需要一种专门的语言来记录和规定，这种语言便是法律语体语言，专用于法律文本，而且具有明显的特点。

（一）平实性

在法律领域，法律文本扮演着至关重要的角色，它们规定着缔约各方的权利与义务，以及所有相关人员必须遵守的法规。为确保法律的有效执行和适用，法律文本中的条款必须严密地设计，只允许一种解释，绝不能容许任何漏洞和歧义的存在。因此，法律文本的撰写要力求明确、精准，确保每一条款都能明晰表达意图，法律文件中的语言必须保持客观、现实，避免主观模糊的表达，确保不给司法解释留下任何模棱两可的空间。在语言上应讲究平实，剔除语义含糊、文辞不当之处，杜绝含蓄表达、结构混乱，以免造成引申的理解或推理的理解。

（二）庄重性

法律语体语言是法律规范的表达形式，法律的根本属性对法律语体语言提出了特别的要求——法律语言必须具有庄重的色彩。它不能采用文学笔调，不能追求艺术风格，不能运用修辞方法，甚至不宜使用形容词之类的附加成分。

（三）规格性

经过起草人多年的反复推敲，以及使用人（包括律师在内）的反复检验，法律条文已经剔除了所有含糊不清、易生歧义的地方，形成一种特定的语言格式。一旦确立这种格式，后续的法律文件起草人只需遵循同样的规范。

由此可见，法律的使用在语言上很讲究。1963年，戴维·麦林克夫（David Mclinkfle）在其经典研究《法律的语言》中开篇写道“法律是一项措辞的职业”。无论在法律的哪种领域——政府法规、法庭活动或者约束我们日常活动的文件（合同、转让证书、规章、法令）——我们面临的最基本原则是法律的措辞实际上就是法律。法律语言的使用者对语言表达中细微之处的重视程度是任何别的领域的语言使用者所无法相比的。

四、法律英语的功用

社会语言功能视角下，法律英语具有重要的施为功能，英国哲学家约翰·奥斯汀（John Austin）于1950年在美国哈佛大学演讲“言语与行为”中探讨了语言交际的本质。他指出，有些话语并非起着简单的“报道”或“表述”的作用，而是一种实际行为，无需真伪之辨。这些句子并非用于描述（表述）事实，而是实现特定目的，即言行合一。由此，他将其区分为“陈述句”和“施为句”。法律语言的一项功能是对规定的法律进行强制执行。例如，当某人经法院宣判为有罪时，不论此人是否真实有罪，他就被认定为有罪。如一对合法夫妇得到某权威部门的书面或口头准许离婚后，从此以后，两人将不再享有作为夫妇所拥有的权利和义务。

法律英语在表述法律文本方面起着重要的作用。它具有特定的术语、短语和语言表达方式，这些都是由法院所规定的，并且与普通英语有所不同。英美属于普通法系的国家，法官在审判过程中遵循先例原则，这就意味着他们在选择词语以及表达真实意图方面与普通英语有着明显的区别。在法律语境中，具体而精确的术语和短语被广泛使用，以确保法律文件的准确性和一致性。这些专门的语言规范和表达方式具有具体的法律含义，而不只是普通英语的字面意义。

五、法律英语翻译策略

（一）译语语言要准确、严谨、专业

法律专业术语是法律英语的重要部分，其中包含古英语、外来语和一般单词的特殊用法。在中文法律文本转为英文时，译者需准确理解并使用法律专业术语，确保传达原意且专业地道。同时，掌握法律文本中常用拉丁语和古体词的基本含义与用法也很重要。这样，译文才能准确表达法律意义，符合专业标准。

（二）固定结构与固定用法的翻译

在法律英语中，常常存在一些固定的表达方式，用以表示特定的含义。因此，在翻译过程中，译者应多加关注英文原文，这样那些惯用的表达就会自然而然地流利呈现。

（三）多用名词化词语与被动语态

法律英语与汉语的表达方式存在差异，法律英语更倾向于使用动词或形容词加上词缀转化来的名词化词语来描述行为和动作。因此，在将汉语法律文本翻译为英文时，应注意翻译名词化词语，以确保翻译的准确性、简洁性和规范性。此外，还可以将汉语中的主动语态转换为被动语态，这样能够突出专业性和客观性，符合法律文件的要求。通过这些翻译技巧，可以更好地传达法律文本的意思，使其在英文环境下保持其原有的法律效力。

六、法律英语翻译方法

（一）重复译法

为了清楚地表达法律条文和规则，避免产生歧义，法律英语翻译还经常采用重复译技巧。

例如：

In any arbitration proceeding, any legal proceeding to enforce any arbitration award and in any legal action between the Parties pursuant to or relating to this Contract…

中文译文：在根据本合同进行或与本合同有关的双方之间的任何仲裁程序中，在为执行根据本合同进行或与本合同有关的双方之间的任何仲裁裁决的任何法律程序中及在根据本合同进行或与本合同有关的双方之间的任何法律诉讼中……

上述例句在翻译时将短语“根据本合同进行或与本合同有关的”重复了三次，这样的重复很有必要，突出了法律英语语言的严谨性。

需要注意的是，重复并不是任意的、毫无原则的，为了确保法律英语翻译的准确性，只有在不得不重复的时候才可以酌情对某些表述加以重复，否则应该尽量避免没有意义的重复，确保法律语言的言简意赅。

（二）词性转换法

英语和汉语在词类和语法功能等方面有一定相似性。在英语中，充当句子成分的词类很少，名词、代词、动名词和不定式等可以作为主语，而谓语只可以是动词。而在汉语中，名词、动词和形容词不仅可以作为主语和谓语，而且可以充当宾语和表语。因此，在翻译法律英语过程中，译词词性与原词词性未必相同，需要进行词性的转换，即使用词性转换法来进行处理。如有时候在英语中的名词在汉语中要用动词来翻译，而英语中的形容词则要用汉语中的副词来翻译；而在汉语中的动词需要翻译为英语中的名词，在汉语中的副词来翻译成英语中的形容词，以适应译文的语言表达方式。转换词性是翻译中较为常用的方法，灵活的词性转换处理可使译文通顺流畅，否则将变得晦涩难懂。当然，词性转换的前提是忠于原文，在不改变原文意思的前提下进行。因此，在法律英语翻译中，应该根据具体情况灵活使用词类转换技巧。

例如：Neither party hereto shall be responsible for the failure of the performance hereunder if caused by war,fire,flood,embargo,explosion, shortage of materials,prohibition of import and export,judicial or governmental restrictions.strike or other labor troubles,or any other causes beyond the control of the party.

译文：如果因战争、火灾、洪水、禁运、爆炸、材料短缺、禁止进出口、司法或政府限制、罢工或其他劳动问题或任何其他超出一方控制范围的原因而导致本协议项目下的违约，双方均不承担责任。

该句中的名词结构 prohibition of import and export，the failure of the performance 别被译为动词“禁止进口或出口”“不能执行”。

例如：The Parties agree that any restructuring shall not adversely affect the economic interests of the Parties.

中文译文：双方同意，任何重组均不得对双方的经济利益产生不利影响。

在此句中，英文名词“affect”被转换成中文名词“影响”，相应地，英文副词 adversely 被转换为中文形容词“不利”。

（三）语序调整法

语序调整法即改变原文的词语顺序，按译语的表达方式，依照时间先后、逻辑关系将原文的顺序加以调整，有时甚至需要全部打乱，重新排列。语序调整法在法律英语中的使用十分普遍。这主要是因为英语和汉语语言结构的不同，在翻译时，需要将原句中的某个成分或某些成分在译句中的位置进行变动调整，从而使译文意思更清晰明了。

例如：

The Company will retain its full power and authority to use such inventory and assets and to continue to conduct its business after the transfer of the purchased interest and will not violate any PRC laws and regulations.

原译：在转移购买权益后，公司将保留其使用上述存货和资产的充分权力和授权和继续经营其业务，并且不会违反任何中国法律和条例。

改译：本公司将保留使用上述存货和资产以及在转移购买权益后继续经营其业务的充分权力和授权，并且不会违反任何中国法律和条例。

上例改译在表达方面做了一些变通，在一定程度上打破了原文的结构模式，用目的语的习惯方法来表达，使译文明白流畅。

（四）长句拆译法

法律英语中有很多信息量较大的长句。在翻译时，为了厘清各个句子的复杂关系，可以采用拆分法，即切断原文句子，化长为短，或者将原文拆散，重新组织。只有这样，才能使译文正确、通顺、自然。

例如：

If the seller has given an express undertaking relating to the goods which is stated to have effect for a certain period of time, whether expressed in terms of a specific period of time or otherwise, the limitation period in respect of any claim arising from the undertaking shall commence on the date on which the buyer notifies the seller of the fact on which the claim is based, but not later than on the date of the expiration of the period of the undertaking.

中文译文：如果卖方已就货物作出明确承诺，且该承诺在一定时间内有效，无论是以特定时间段还是以其他方式表示，则该承诺引起的任何索赔的时效期，应自买方将索赔所依据的事实通知卖方之日起开始，但不得迟于在承诺期限届满之日。

在翻译该例时，译者根据汉语的表达习惯将其进行了拆分，通过逗号的使用使得译文意思更加明朗化。

第三节　跨文化视角下科技文体翻译

科技翻译在古代和现代都存在，它并不是一种新的创造，而是一门相对独立的翻译学科。这一现象的产生与我国在 20 世纪 70 年代后期实行的改革开放有着密切的关系。改革开放使我们茅塞顿开，同时也让我国的科技工作者觉得眼花缭乱，无所适从。也就是在这个时候，科技英语、科技翻译应运而生，并在一定程度上受到了人们的普遍欢迎和高度重视。

一、科技英语的文体特点

对于科技英语或者说专业英语，大多数人都认为就是一般英语加上一些专业词汇。实际上，科技英语在文体和语法结构上都有着很多与日常英语迥然不同的特点。科学论文的文体特征是明确、准确、简洁、严谨。在科学文章互译中，要对科学论文中语言结构特点的处理方法进行探索。

（一）词汇特点

科技英语是一种特殊的语言变体，它在理、工、农、医等自然科学领域被广泛使用。尽管科技英语使用了一些专业词汇，但其基本词汇仍然属于英语的共核部分。科技英语的目的是传播科技知识，并通过严格的论证原理来推导和得出结论。因此，在科技英语的表达中，逻辑条理和层次分明至关重要。论证需要清晰有效地呈现观点，以便能够准确理解和接受信息。因此科技英语不论在词汇还是句子结构上都具有独特特色。

科技英语的词汇分为 3 类：纯科技词汇、通用科技词汇和半科技词汇。

1．纯科技词汇

即在不同专业中使用的专业技术词汇，在科技英语中，这种词的使用频次不高，其特点是严格、规范、词义单一、用途单一、使用范围小，且大部分都是通用的国际性词语，因此专业化程度高。例如，hydroxide（氢氧化物），isotope（同位素），diode（二极管），carburetor（汽化器）等。

2．通用科技词汇

即不同专业都要经常使用的通用词汇，这种词汇在科技英语中出现频率较高，词汇量也较大，其特点是词义比较单一，使用范围较纯科技词汇而言相对广一些。例如，frequency（频率），density（密度），magnetism（磁性），height（高度），speed（速度）等。

3．半科技词汇

科技英语中最常使用的普通词汇，数量众多，出现频率高，掌握较为困难。半科学术语不仅具有基本词义，还因学科而异，拥有丰富的词义，用法灵活，搭配方式多样，应用广泛。例如，feed（喂养／馈电、供水、输送、加载、电源），ceiling（天花板／上升能力、上限）等。

（二）科技英语词汇的构词方式

科技英语词汇的构词方式有很多，本部分就举例以下 4 个方面进行论述。

1．缩略法

缩写词有着多种形式，在翻译时可以采用多种方式处理，包括意译、音译、直译或直接引用。一些已经广泛流传的缩写词可以被视为科技领域的新创词语。

如 radar（Radio Detecting and Ranging）直接取其读音“雷达”；laser（Light Amplification by Stimulated Emission of Radiation），曾被译为“镭射”，现已取其意译做“激光”。当进行意译时，必须保持简洁，否则无法体现缩略词的优势。

缩略词可以被解释为除了首字母缩略词之外的一种缩写形式。那些原本句子很长且复杂的缩略词，如果完全按照原来的意思来翻译的话，可能会让人很难理解，所以我们最好可以采取一个融合中西文化的方式来处理，如 AIDS，通过音译加注释译作“艾滋病”，充分体现了中文意形义相结合的特点。此外还有 IP 地址，BASIC 语言等。

随着科技的快速进步，越来越多的英文缩略词已经融入汉语词汇中，最典型的如 BBS（电子公告牌系统），UFO（不明飞行物），VCD（激光视盘）等，这些词语成为汉语的一部分。在翻译时，可以直接采用这些英文缩略词，无需进行改动。

2. 词缀法

词素是构成词语最小的语义单位，可分为自由词素和黏附词素。自由词素本身具备独立完整的意义，能够单独形成词语，不依赖于其他词素存在，如“iron”，“pump”，“steel”等。黏附词素则没有完整的独立意义，无法单独出现在句子中，只有依附其他词素才能表达其含义。黏附词素的主要作用是作为词缀来构成词组。词缀也可以细分为屈折词缀和派生词缀。屈射词缀在句法上起到标记作用，它们依赖于其他词素或词语，但并不能构成新的词汇，如名词复数标记“-s/-es”和动词过去时标记“-ed”等。派生词缀则能够与其他词素结合形成新的词汇。正因为如此，词缀的应用成为丰富科技英语词汇的基础方法，通过与其他词素结合，英语派生词缀能够构成新的词汇。这个特点使科技词汇能够不断更新，以满足科技发展的需求。

3. 合成法

合成法即将两个或两个以上的旧词合成一个新词，通常有合写式（无连字符）和分写式（有连字符）两种。

（1）合写式

backdoor 后门

bitmap 位图

（2）分写式

bug-free 无故障

built-in 内置

close-circuit TV 闭路电视

cut-and-paste software 剪贴软件

Digital-to-Analog 数模转换器

合成词的翻译可以采用直译法，即将两个合成语素的词义直接翻译出来，然后做偏正连缀，在需要的时候可以适当增加词语。

4. 词首字母缩略词

词首字母缩略词是由多个单词的首字母组合而成的新造词，如 ISV（International Scientific Vocabulary），RAR（Radio Acoustic Ranging）和 FACP（Fully Automated Computer Program）等。由于计算机的普及，以及国际互联网的广泛传播，英语中的词首字母缩略词逐渐增多，如 MORF（Male OR Female），FAQ（Frequently Asked Questions），FYI（For Your Information）等。缩略词减少了相关词汇的冗长排列，在表达过程中具有简洁明了的优势。这种词的形成方法符合语言学中省力的原则，对沟通的便利起着积极的作用。但应指出，词首字母缩略词有时会给交际者之间的理解造成困难或引起误解，妨碍交流的有效进行，甚至引发纠纷。例如，词首字母缩略词 FTP 有多种解释，国防工业出版社出版的《英汉技术词典》就罗列了 5 条：① Factory Test Plan；② Field Test Procedures；③ Florida Test Procedure；④ Fuel Tanking Panel；⑤ Functional Test Procedure。可见，这种词汇极易引起交际者不同的理解。

二、科技英语翻译的标准

完美的科学文体翻译需要将原文语言、民族语言和科学知识有机地结合起来。首先，必须理解原文的精神内涵，这就需要掌握原文所使用的语言。只有正确理解了原文，才能准确地表达出来。其次，需要掌握本民族的语言，以便正确地传达原文的含义。仅凭正确理解原文是不够的，还需要用准确的汉语表达形式来传达。最后，科技翻译人员除了需要精通语言，还需要掌握科技知识。掌握科技知识的目的是更好地理解和传达科技内容。通过掌握语言和科技知识，才能更好地进行科技翻译，使其更贴近实际情况。

（一）忠实于原文

忠实原文就是传达原文的思想和核心问题，准确、简洁、完整地表达原文的内容是科技翻译的首要要求，也是最基本的要求之一。原文的内容是客观存在的，译者的任务是将其不加变动地传达给非原文读者。虽然翻译是语言的再创作，但与纯粹的创作有本质区别。译者必须忠实于原作，不能随意修改或删除原文，以免歪曲原文的意思，避免个人偏见和自作主张。

（二）语言通顺易懂

译者要用通顺易懂的语言表达原作的科技内容。所用的术语和词汇必须是本专业读者普遍应用的。句子结构要规范，不得保持与译文语言不相容的原文结构形式。译者固然可以吸收和创造性地运用新的表现方法，但是必须在汉语基本词汇和基本语法的基础上加以融化后运用，不得违反或破坏汉语的规范性。

在实际翻译过程中，要尽可能地做到“忠实”“通顺”。但当两者不能同时兼顾时，则首先保证“忠实”，应以“真实”和“精确”为第一要义，“真”是科学的生命，“准确”是科技翻译的生命。在医疗文件的翻译过程中，一个字的错误就会导致患者的生命的终结。在工程技术翻译过程中，一个错误就会引起严重的技术事故。如果翻译的内容基本上正确，只是字面上有些粗俗，那也算可以；但是，如果翻译出来的东西和原作有很大的不同，那就必须把它重新写一遍。所以，科学翻译必须以“忠实”为基础，而科技翻译必须以“通顺”为方法，追求科学翻译的圆满。

为了更好地传达原文的科学内涵，译者应突破原文的语言形态，在词类、语序、句型等方面做出相应的调整，将原文的科学内涵以规范的汉语表述出来，以达到或近似于译文的要求。

三、科技英语的适用范围及表达方式要求

（一）适用范围

科技英语是一种基本的语体类型，当我们谈科技英语的范围时，实际是就所

有表达科技内容的语文体式的言语运用而言的。这个范围非常广泛，包括科学技术的专著、学术论文、科学技术报告、实验报告、总结、教材、科学考察报告以及有关的读书笔记等。如果从科学性考虑，那么各种普及性的通俗科技读物也应包括在内。

（二）表达方式要求

科学关注客观的陈述、逻辑的论证和准确的描述，因此，科学强调客观性、系统性和准确性，这就对科技语言提出了特别的要求。科技语言不能完全使用语言表达形式，因为语言表达形式在科技语体语言中存在着 3 个不足之处。

1. 语言的复杂性

语言是一个极其复杂的信号载体系统。它拥有数十万个单词和繁复的语法规则，使得句式和词语呈现多变状态。因此，有时就不能够准确无误地记录科技成果信息，也不能让后来的科学工作者准确地认识并接受科技成果。

2. 语言的模糊性

语言中的每一个实词都是对具体事物、状态或动作的概括，而每个虚词都是对各种句法结构关系的概括。概括的词语只能大致地反映事物的特征和范围，缺乏精密，也不能全面。所以语言就有了模糊性，而这种模糊性恰恰是科学英语所不能容的。

3. 语言的歧义性

语言讲究用有限的语言单位去表现无限复杂的客观事物，这就使得语言呈现出多义性，运用起来，常常出现语言的歧义现象。而科学的语言最讲究精确。

四、科技英语翻译的基本素质

（1）通晓英语并能正确地运用汉语

这是透彻理解原文的前提和确切表达原作的条件。翻译人员要有相对比较丰富的词汇量，对外语词汇和句法有系统的知识，有处理复杂语言现象的能力。如果不具备这个基本条件，一知半解，甚至侥幸推测，不仅是复杂而冗长的文章，在一些非常易懂的文章面前也会束手无策。即使翻译了，译文也一定有一些错误。

（2）熟悉相关的翻译理论、掌握常用的翻译方法和技巧

这同样是从事科技英语翻译工作必不可少的要求之一，这也将是本书所要重点讲述的。此外，译者还要关注翻译领域的新理论、新方法以及发展动向。

（3）译者要有高度的责任心和认真的工作态度

科技翻译是一项技术性很强的工作，译者必须有一丝不苟、严肃认真的工作态度。动笔前，要三思而行，用词斟酌；在翻译完成之后，要有一种自我否定的精神，要善于从多个角度去质疑自己的翻译，要勤加审阅、修改。

（4）具备良好的科学素质和丰富的科技知识

翻译者要持续地汲取并充实自己所掌握的科学文化和专业技术知识，只有对原文所包含的内容有了更多的认识，对原文的理解才会更加深入，翻译出来的文字也会更加准确、到位。

（5）具有扎实的英语基础和较高的英语阅读能力

能准确地理解英语原文是保证翻译质量的一个基本条件，因此译者需要不断提高自己的英语水平，充分了解科技英语的特点，掌握更多的相关背景知识。

综上所述，外语水平和科技知识可以保证译文的“忠实和准确”；汉语水平和翻译技巧则可保证译文的通顺流畅；而认真的工作态度又会使这两个方面更加完美。当然，要在以上几个方面都尽善尽美也确非易事。在一般情况下，外语专业出身的译者在语言知识方面造诣较高，但在表达科技内容时不易做到准确；技术专业出身的译者在本门业务方面游刃有余，但在语言的理解上可能失之粗疏。这就要求每一个译者要根据自己的具体情况，弥补不足，逐步提高自己的翻译水平。

五、科技英语翻译的方法

翻译是用一种语言将另一种语言表达出来的方法，想要把语言文字所包含的意义准确表达出来，除了要对科技文体的语言特点以及翻译原则有所了解外，还应掌握丰富的翻译方法。本部分就从词汇、句子、篇章三个方面对科技文体的翻译方法进行探究。

（一）科技英语翻译策略

1. 语义层面的功能对等

每一种语言都有其自身的特点，而科技英语又有其特殊的词汇、句式和语篇结构，因此，在翻译过程中，译者必须根据英汉之间的语义差异、词汇使用的语境和搭配，才能将科学技术的术语精确地翻译出来。奈达认为，忠实的翻译不需要实现两种语言之间的词汇、语法上的一一对应，只要还原出原作的本意即可，所以，对原作的理解与欣赏是翻译的前提，而语义分析则是翻译的核心。

2. 文化层面的功能对等

在科技英语翻译过程中，要实现功能对等，就要做到词语、句子两个层次上的等值。但同时也要注意到语言中的文化差异。奈达认为，翻译中文化因素比语言水平的差异更为重要，而文化语境又是语篇理解的关键，所以，译者应在语篇间的横组合关系中融入文化语境，并对译文进行适当的文化调节，从而达到翻译的动态等值。

3. 人际意义的实现

科技文本在传达科技资讯的过程中，往往会表现出某种程度的人际联系，而科技文本中的语篇作者和一般读者则是一种权势的关系。科技文本的作者具有较高的专业水平，他们希望维持或巩固自己在科技语篇中的权威地位；同时，他们也希望自己所写的文章能为一般读者所接受，并与其保持一种平等、信赖的关系。系统功能语言学认为，人称在文本中主要起指称作用，韩礼德认为，说话人通过选择不同的人称来确定自己的位置，从而与听话人建立联系。科技文本是一种信息性的文本，其目的是劝说读者接受已有的知识和事实，所以，在科技英语中，为了与读者进行交流，经常使用第一人称或者第二人称代词，并按照所要传递的信息，不断地调整自己与读者之间的关系，从而使其成为有说服力的文本。

（二）科技英语翻译方法

1. 词汇翻译方法

（1）形象译法

在科技英语中为了更好地表达某些词的形象，常使用一些字母或者词来对其进行描述。形象译法主要分为以下两种。

①用汉字表达形象。

例如：

T-plate T 字钢

I-steel 工字钢

②用字母等表达形象。

例如：

Z-been “Z”形梁

X-tube “X”形管

O-ring “O”形环

（2）引申译法

引申指的是在原文意义的基础上将词汇的意义进行延续或者扩展。引申译法主要涉及两种具体形式，即由具体意义向抽象意义引申和由抽象意义向具体意义引申。

例如：

bank 银行—存储块区

（3）转换译法

①转译为动词。

由于英汉语言表达的差异性，一个英语句子中往往只有一个谓语动词，汉语句中的动词比较多，所以在翻译时，往往会把英语中的某些名词、形容词、副词、介词等，用汉语中的动词来代替。

例 1：

英文原文：Despite all the improvements, rubber still has a number of limitations.

中文译文：尽管所有都进行了改进，但是橡胶仍然有一些局限性。

例 2：

英文原文：High precision implies a high degree of exactness but with no implication as to accuracy.

中文译文：高精度意味着高度的精确性，但并不意味着准确性。

②转译为形容词。

科技英语中的名词和动词有时也可以转换为形容词。

例 1：

英文原文：Gene mutation is of great importance in breeding new varieties.

中文译文：在新品种培育方面，基因突变是非常重要的。

例 2：

英文原文：Earthquake are closely related to faulting.

中文译文：地震与断层的产生有着密切的关系。

2. 句子翻译方法

（1）长复句的翻译方法

长复句在科技文章中十分常见，其翻译也十分重要。关于长复句的翻译，这里我们主要介绍以下几种翻译方法。

①倒译法。

有些科技英语长复句的顺序与汉语的表达顺序正好相反，此时长复句的翻译就要采用倒译法。例如：

The design，fabrication，and testing of micro-fabricated shear sensors for aerodynamic measurements is mainly discussed in the chapter.

本章节主要讨论用于气动测量的微型剪切传感器的设计、制造和测试。

②调序法。

调序也是科技英语常用到的一种翻译方法。所谓调序，就是将英语长句进行分拆和语序调整。由于英汉语言的巨大差异，所以在翻译科技英语长复句时，在准确理解并传达原语信息的基础上，可以对原语进行拆分，使其符合汉语语言的表达方式。

例如：

英文原文：As has been said,manufacturing processes can be gencrally, classified as unit production with small quantities being made each time and mass production with large numbers of identical items or products being produced.

原译：前面说过，生产过程可以笼统地分为每次生产少量工件的“单件生产”，和生产大量规格相同的工件或产品的“批量生产”。

改译：前面说过，生产过程可以笼统地分为单件生产和批量生产，单件生产就是每次生产少量的工件，批量生产就是生产大量的规格相同的工件或产品。

③反译法。

反译作为一种常见的翻译方法，在科技翻译中相对比较常见。所谓反译法，将原作中的肯定的表达译为否定的形式，或者将原作中的否定的表达译为肯定的形式。

例如：

英文原文：There are many other energy sources in store.

中文译文：还有很多种其他能源尚未开发。(肯定形式译为否定形式)

英文原文：In the high altitude snow and ice remain all year.

中文译文：在高海拔地区，冰雪终年不散。(肯定形式译为否定形式)。

④分译法。

分译法指的是在翻译时，将长句化整为零，依意群将句子切分开，译成分句或独立句。运用分译法进行长难句的翻译，可以在很大程度上保持原文的语序，使整个句子流畅，降低了漏译的可能性。

例如：

英文原文：At intervals along the main span, cast-steel cable-bands are attached to the cables, gripping them firmly and excluding moisture from them, and from these bands suspenders of wire-rope or chains hang down.

中文译文：沿主跨每隔一段时间，将铸钢电缆带连接到电缆上，牢牢抓住电缆并排除电缆中的水分，钢丝绳或链条的吊杆从这些电缆带上垂下。

⑤综合法。

在翻译长复句时，如果仅采用上述单一的方法将很难翻译准确，此时就可以采用综合法，即运用上述翻译方法对句子进行综合处理，这样可以使译文更加准确、严谨。

例如：

英文原文：As the science of gene expression grows, we may be able to create genes that can turn themselves off after they have gone through a certain number of cell divisions or after the gene has produced a certain amount of the desired product.

中文译文：随着基因表达科学的发展，我们可能能够创造出：在经历一定数量的细胞分裂或基因产生一定数量的所需产物后能够自我衰亡的基因。

（2）被动语态句的翻译

被动语态句是科技英语中常见的句型，这种句子的翻译有很多方法，可以翻译成汉语被动句，也可以翻译成汉语主动句和无主句。

①译成被动句。

英语中的被动语态都是以语意为重点，汉语翻译中若要表达出这个重点，就要采用被动语态的表达方式。除了汉语中的“被……”外，还可以用“给……”“受……”“用……”“把……”“靠……”“遭……”“得到……”“予以……”“为……所……”“由……来……”的汉语被动句式来表达。

例如：

英文原文：How long will it be before black and white sets are found only in the museum?

中文译文：要过多久黑白电视才能被放在博物馆里？

②译成主动句。

科技文章中并不是所有的被动语态句都可以译成汉语被动句，根据实际要求，科技文章中英语被动语态的句子可随汉语的表述习惯翻译成相应的主动句。

例如：

英文原文：Pointers are used to build data structures.

中文译文：指针用来创建数据结构。

③译成判断句。

在汉语中，科技文体的被动句也可被翻译成“……是……的”，具有判断的语气。例如：

英文原文：Many car engines are cooled by water.

中文译文：许多汽车发动机是用水冷却的。

（三）语篇翻译方法

1. 忠于原文格式

科技文体的格式比较固定，科技英语文体具有逻辑性强、结构紧密等特点。因此，译者在翻译时也应严格遵守科技英语文体的格式，准确地将译文表现出来。

2. 注重语篇连贯

科技英语文体具有严密的逻辑性，文章的内容联系非常紧密，科技英语文体中含有一些明显的语言符号，这些语言符号将整个语篇连接为一个整体。在翻译时，译者应注意语篇的连贯性。

第四节　跨文化视角下文学文体翻译

一、文学文体的特点

（一）形象性

文学作品的基本特征首先表现为形象性，文学作品展现的不是抽象的概念和刻板的公式，而是具体感性的生动画面。如文艺理论家维萨里昂·别林斯基（Vissarion Belinsky）所说："哲学家用三段论说话，诗人则用形象和图画说话"（《一八四七俄国文学一瞥》）。

（二）主观性

文学作品以艺术的方式诠释世界，来源于生活而又不是生活的复制。文学作品可以虚构，可以想象，可以对客观现实进行加工和变异，因此文学作品中的人物、事物和景物往往折射出作者的个人视角，体现着作者的个人情感和主观意识。

（三）审美性

文学作品诉诸情感，侧重于审美创造。因此，文学作品在描写事物、人物和景物时会动用一切有效的语言方式，特别是修辞方法，如比喻、比拟、夸张、对仗等，使读者如见其人、如闻其声、如临其境，获得审美的情绪体验。

（四）多样性

文学作品的多样性表现为三个方面：第一，文学的题材范围可以说是无边无际的，宗教、伦理、历史、法律、军事、政治、经济、科技等任何一个领域中的人物和事件都可能进入作品，成为描述的对象。文学作品在描述物象时的深度和广度也是无边无际的，由表及里，由此及彼，由古及今，由实及虚，涉及外貌、声音、色彩、形状、质地、感官反应、心理活动等方面。第二，文学的语言范围极其宽泛，涉及正式语、非正式语、口语、书面语、行业语、俚俗语、方言等语域。第三，文学作品的风格极其多样。一方面，文学作品由于时代、背景、体裁和题材的不同而具有不同的风格特点；另一方面，每一个作家又具有自己独特的个人风格。

二、文学翻译的界定与本质

（一）文学翻译的界定

这个问题的答案似乎显而易见：文学翻译即对文学作品的翻译。但是，当我们用“文学翻译”这一概念时，却忽视了该概念所具有的双重性，它既可以是指文学翻译的作品，又可以是指文学翻译的行为。如果我们进一步追问，会发现问题远非那么简单。什么是文学？什么是翻译？文学翻译与非文学翻译有何区别？文学翻译的本质是什么？对这些基本问题，我们未必能给出令人信服的答案。因此，我们有必要对文学翻译的概念进行简要的梳理。

就“文学”一词的概念而言，无论古今中外，都存在着广义和狭义之分。

广义上的文学指的是所有口头或书面作品。而狭义上的文学特指包含情感、虚构或想象力的作品，如散文、小说、诗歌戏剧等。然而，也有一些作品难以界定，但通常被视为文学作品，如传记和纪实文学。总的来说，文学翻译就是指对诗歌、戏剧、小说、散文、传记、杂文以及儿童文学等文学作品的翻译。

语言是翻译的核心，而文学则是语言的艺术。因此，语言的运用不仅是区分文学和非文学的重要特征，也是文学翻译关注的首要问题。那么，文学语言具有什么独特之处呢？在《文学的本质》一书中，托马斯·克拉克·波洛克详细比较了文学语言、科学语言和日常用语。文学语言的特点有以下5点。

①在文学作品中存在着许多含糊不清的言辞。每一种在漫长历史中形成的语言，都包含大量的同音异义词，还有一些语法上武断的、不合理的分类，以及伴随着历史事件、记忆和联想的存在。

②文学语言并不仅是用来命名或解释的，而且具有表达情感的能力。

③文学语言关注文字的内在意义，关注词语的声音象征，如声音模式、格律、音韵等方面。

④文学语言在探索和利用语言资源方面更加精细而系统，拥有持久而彻底的独特性。通常而言，文学语言不以实用为目的，而是追求美学倾向。

⑤大部分文学处理的是一个虚构的领域，一个想象的世界。

根据以上的论述，我们概括文学和文学语言的特点如下：文学和文学语言的独特特点在于其虚构性、想象力以及对审美的追求。它们强调语言的表现力，用以传递人类丰富的情感和情感。文学作品常常具有深邃的内涵，紧密联系着特定的历史和文化背景。在形式上，文学呈现出多样化和创造性，作者通过独特的语言风格，赋予作品节奏和韵律。因此，文学通过其想象力、审美追求、创造性和抒情性，与非文学作品有所区别。但需要认识到："艺术和非艺术，文学和非文学的语言使用区别是可变的，并没有绝对的界限。"①

此外，不同文学体裁在上述性质上的表现程度也不尽相同。如小说对语言形式（音韵、格律等）的关注就不如诗歌和散文，而后两者对语言描写的内容（人物、情节、环境等）的重视就远不如小说。总的来说，就语言本身的特点而言，文学翻译作品应该具备想象力、美感、创造力和情感表达。就内容而言，文学翻译是对文学作品中的语言形式、艺术手法、情节内容和形象意象等进行再现。

以上从不同侧面对文学翻译的界定，在一定程度上厘清了文学翻译和非文学翻译的关系。然而，上述定义却无法回答文学翻译行为本身的性质问题：文学翻译是对原作的临摹还是创作？是一门语言转换的技巧还是货真价实的艺术？文学翻译是否具有不同于文学创作的性质？对这些问题的回答，不仅是概念问题，而

① 勒内·韦勒克，奥斯汀沃伦．文学理论[M]．刘象愚，邢培明，陈圣生等译．南京：江苏教育出版社，2005.

且是关乎我们如何看待文学翻译的本质、地位、价值、标准、方法和评价的关键步骤。

（二）文学翻译的本质

在使用“文学翻译”时，需要留意它既指具体的文学翻译作品，也可描述具体的文学翻译行为。这两者常常被人们混淆，导致把文学翻译作品的本质和文学翻译行为的本质混为一谈。对于前者，由于文学翻译的对象即文学文本的特殊性，文学翻译作品当然也具有审美性、形象性、创造性、抒情性和模糊性等特点。而我们对文学翻译行为的认识，经历了一个不断发展的过程：模仿、创造、改写、操纵、叛逆、阐释等。

三、文学翻译中的文化缺省补偿策略

（一）文化缺省补偿的必要性

读者在理解文本时，必须将文中提供的信息和他大脑中的已有知识加以关联。从这个意义上讲，作者构建文本，而读者把文本信息和他大脑中已经存在的看不见的信息加以结合构建意义。但是，译文作者由于有着不同于原文作者的生活背景和文化背景，在翻译一本书或者一篇文章的时候就容易出现文化缺省。

不同的人生活在不同的社会背景下，因此拥有不同的文化背景知识。文化背景知识包括一系列基本的假设、信仰、思想，以及政治和历史背景等。在某个特定文化中，这些知识已经根深蒂固，并成为同一语言文化背景的人们所共有的。然而，这些知识很少在书本上被定义和描述，因为它们是如此基础和显而易见，无法用语言准确描述出来。但是，在实际中，原文作者不会在乎译文作者的翻译能力，在原文里面一些对于原文作者显而易见的内容，会对译文作者在推断层面造成障碍。也就是说，译语读者不熟悉文本的文化背景，就不能在两个陈述的事件中发现发生于其间的细节。

如一些习惯用语及一些不言而喻的缩写词，在原文作者国家很常见，但是译文作者有时候为了直译，不对文化缺省进行补偿，导致译语读者根本不知道原文在说什么。在跨语言文化交际中，译语读者没有合适的图式或者根本就没有相关的图式来进行搜索，因而就没有充分的线索来激活他的图式空位。因此，在翻译过程中，由于文化缺省不可避免地存在，译者应将那些在结构上不明显的地方，清楚地表述出来，使读者能够正确、连贯地理解原文。

接受者的文化背景知识在很大程度上决定了对文本的理解。事实上，原文作者是根据自己的语言和文化背景创作原文的。既然源语接受者和原文作者具有相同的文化背景知识，源语接受者通过激活他长期记忆中的图式，把原文作者意欲表达的文化含义和文本加以关联，就可获得对原文的透彻理解和阐释，即使原文中的含义在结构上不透明。由于译语读者对原文中的文化背景知识不熟悉，从而导致对原文所表达内容的理解困难。若不明确译文中隐含意义，可能会引发误解或使译语读者无法准确理解原文作者的真实意图。为此，译者应采用适当措施，以更好地弥补译文中存在的文化空缺，从而让译文读者更好地理解原文。

人际交往的七个要素是信息源、信息、信道、接受者、反馈、障碍和背景。在此过程中，信息源通过信道传递到接受者。由于翻译是一个跨文化交际过程，译者在翻译过程中既是原文的信息源，又是译文的作者。换句话说，译者既是信息源，是信息的接收者，扮演着源语作者和译语读者之间思想交流的桥梁。作为信息的接收者，译者需要准确理解原文，并对其中的内容进行解码，考虑作者的意图和写作背景等方面。同时，译者又必须把从原文中解码的内容在译语中加以编码，然后传达给译语读者。这个过程叫作“再生产”或“表达”。所以，我们把翻译看作是一种目的导向的行为，它包括解码与编码，或者更确切地说，是译者对源语言中的信息进行了解码与再编码。

在同一语言交际方面，信息有两个维度分别是长度和难度。恰当的信息具有的难度都能大致与代表接受者接受能力的信道容量相匹配。一个信息之所以具有意义，与从众多的可能信息中选出的某个信息的编码、传输和解码能力有关。由于原文读者和他的意向读者生活在同一社会和文化语境中并且以同一语言进行交流，他们之间的交流应该是自然和成功的；否则，他们所赖以生存的社会将难以存在。

然而，在翻译中，我们应该考虑目标语接受者的信道容量。如果一个信息被翻译成同样的长度，那么它的难度就会增大，原文的信息就不能通过目标语接受者的信道。一般来说，译文接受者的信道容量要比原文读者的小。这是因为对于原文读者来说不言而喻的文化缺省成分，对于目标语读者来说则可能显得莫名其妙。这就意味着源语接受者和目标语接受者由于缺乏共同的历史、文化、经济和政治等背景而发生交际过载。

如果译文的难度超过译语读者的解码能力，译文理解就非常吃力，甚至译文读者会中断阅读。为了使信息顺利通过译语读者的信道，应该在译文中增加冗余信息，以便调整交际载荷来适应译语读者的信道容量。但是，这并不意味着译者可以随意增加或减少原文的意义，而是表明译者可以明示源语结构上隐含的意义而同时又能最大限度地保留原文的意义。这就要求把信息的长度拉长以降低源语的难度。为了使译文通过译语读者的信道，译者必须预测原文对于译语读者将会达到什么样的效果，以及什么内容对于译文读者来说会构成文化缺省。

如果文化缺省出现，译者应该根据原文的具体情况增加文化信息，从而在译文中增加一个冗余度来填补译语读者的意义真空。以下以实例进行阐释。

例 1：

英文原文：Being a teacher is being present at the creation, when the clay begins to breathe.

中文译文：成为一名职业教师，意味着可以亲眼见识到上帝用泥土创造人类的过程，即目睹一个生命的呼吸成长。

在该例中，单词“creation”源于圣经故事，即上帝用泥土创造了人类。中国读者由于缺乏基督教的文化背景知识，因而有必要添加相关的文化信息以便译文具有意义并能被理解。

例 2：

英文原文：Son, lover, thinker, fighter, leader, Hamlet is the incarnation of all human potential defeated by some warp of human nature and destiny.

中文译文：儿子、情人、思想家、战士、领袖，哈姆雷特是所有人类潜力的化身，却被人性和命运的扭曲所击败。

英语“potential”在英汉词典上译为“潜力，可能性”，实际上是指“that which is possible”，含义很广。“human potential”是指人所能达到的一切。联系“son”“lover”“thinker”“fighter”“leader”等词，“all human potential”一词的含义就更广泛了。“defeat”的含义是挫折，根据全剧剧情，从家庭、感

情和事业三个角度来解读，得出了上述翻译。这种解释当然是不完备的，但也只能如此。

总而言之，如果原文比较长并且难度相对较大，直接翻译的文字对于中国读者来说是很难理解的，所以译者应该运用意译的形式将文字形象性地加长，从而把文字中隐含的部分用语言表达出来。实际上，这就是把内容因素提升到形式上来的结果。

（二）文化缺省补偿的方法

1. 直译加注

中国唐代诗人孟郊有首诗，原文如下：欲别牵郎衣，郎今到何处？不恨归来迟，莫向临邛去！

弗莱彻（Fletcher）的译文如下：

You wish to go, and yet your robe I hold.

Where are you going——tell me, dear——today？ Your late returning does not anger me.But that another steal your heart away.

在翻译中，“临邛”作为一个典故，在中国文化中具有特殊的意义和象征性。然而，在Fletcher的翻译中，却没有使用“临邛”这一典故，导致译文失去了原诗的独特韵味。“临邛”这个典故源自唐代诗人杜甫的《临邛道》一诗，描述了杜甫去临邛县赴任时的情景。而正是因为缺乏这样的典故，译文失去了原诗所蕴含的深厚意义。更重要的是，这也是一个向西方读者介绍中国文化重要特征的机会的失去。

在这个翻译案例中，为了弥补目标语文化的缺失，译者最好采用直译加注的方式，让读者有机会领略异国文化，同时也有机会运用想象力来获得审美的享受。

英文原文：Elliott,the costume too large now for his emaciated frame, looked like a chorus man in an early opera of Verdi's.The sad Don Quixote of a worthless purpose.

中文译文：埃略特的躯体已经消瘦，穿上这身宽大的衣服，活像威尔第早期歌剧里的合唱员。无谓奔波的可悲的堂吉诃德啊！

为了弥补目标语中的缺省，译者采取了直译加注的翻译方式，使读者能够更好地享受到对外国文化探寻的愉悦。

2. 文内补偿

（1）增译

在一定程度上，增译填补了直译加注补偿方法的空白之处。这样保留源语文化的意象，同时为目标语读者提供相关的文化背景信息。通过增译，读者不仅能够理解原文的语义，还能更深入地了解源语文化的细节。然而，也不能忽视增译的一些缺点。一是原文中的艺术形式在译文中可能会变得直白和冗长。隐性的含蓄意味被显性地表达出来，可能会影响到原作的审美效果。二是由于语篇有限，译者在译文中无法完全涵盖所有的文化背景信息。读者只能通过有限的译文中获取有限的文化背景信息，这可能会导致信息的不完整性。三是原文含蓄的审美效果也会因译文透明式的处理方法而受到削弱。

有人说翻译就是翻译意义。这种说法有一定的道理。然而，在翻译某些比喻性词语或历史典故这样的具有鲜明文化特色的词语时，译者处于两难的境地，因为这些词语都有着表层结构和深层结构。以“三个臭皮匠，顶个诸葛亮”为例，不同翻译方式会导致意义的损失。用“Even three cobblers can surpass Zhuge Liang”虽传达了表面意思，但深层含义丧失。用“Many heads are better than one”或“Collective wisdom is greater than single wit”，虽然保留了基本意义，却丢失了“臭皮匠”和“诸葛亮”的文化意象。为此，译者可采用增译法，译为“Three cobblers with their wits combined surpass Zhuge Liang the mastermind.”这样保留了原文的意义和意象。

（2）释义

在翻译中，出现近似的两种文化因素或重要的源语文化因素时，我们要忠实于源语文化特色词语的表达方式和意象。然而，有时源语文化因素与语言紧密相关，或与特定历史和文化密切相关，难以准确翻译到另一种语言。因此，在保持源语文化因素的意义的前提下，我们需要对原文中的意象和形式进行适当调整，以实现忠实翻译的目的。

在翻译中，两种语言间文化差异的大小决定了源语形式的保留程度，且二者成正比。当在目标语文化中不存在源语所提及的事物，或者同一事物在两种语言背景下具有不同的联想意义时，译者可以运用释义（paraphrase）的技巧，对目标语文本进行文化补偿。这样可以确保译文在目标文化中得到恰当的理解和接受，但使用前提是源语作者使用的文化因素在源语中的重要性不会影响到艺术意象。在成语或典故的翻译中，直译加注会使译文更加烦琐，所以最常用的就是释义方法。

例如：

中文原文：那么，我们就停滞了，我们就是肯定片面性了，就是同整风的要求背道而驰了。

英文译文：We could be stagnating and would be approving one-sidedness and contradicting the whole purpose of rectification.

例句中将“背道而驰”翻译为“run counter to”也会与“stagnating”这个词相矛盾（因为如果停滞不前，就无法朝反方向前进）。因此，译者通过使用释义方法来避免这些矛盾。

四、中国文化特色词语的英译分析

中国拥有悠久的五千年文明史，这个历史给人类留下了丰富的人文知识和文化遗产。这种历史积淀形成中国的独特表达方式。某一特定的文化背景，更是让文化特色词语和特定的语言与文化密不可分，也表现出了很大的特色，如内容精辟、栩栩如生、生动有力等词语，更是凸显了民族特色。我们很难在译文中找到合适的类似表达方式，就是源于文化特色词语表现出来的特殊语言现象。为了更好地让译者增强文化敏感意识，在翻译过程中可以发现特色词语的文化背景信息，并且可以找到更恰当的独具特色的文化语言与原文相匹配，下面以翻译实例的方式，来展示中国文化特色词语英译的翻译策略。

（一）中国文化特色词语

中国文化特色词语翻译实践证明，翻译是一种跨文化交际活动。源于汉语和英语地域、历史和文化背景的差异，形成两个民族之间不同的价值观和对事物不同的理解力。对于一些还没翻译出来的文字，中国人可能家喻户晓，但国外可能还不了解。国外的很多读者可能连我们国人所熟知的一些知名城市或者企业的位置都不知道。对于我们熟悉的本国名人要事，作者在作品中就不会特意去普及这些大家都了解的知识。这就是为什么读者认为译文文本中会存在一些缺省的成分，因为读者拥有和作者同样的文化背景，即使作者没有在原文中表达出来，读者也可以解读出这些文化信息。被省去的文化信息让作品阅读起来更通俗易懂，实现更高效的沟通。但是，由于文化特色语言背景知识存在的特定的文化差异，它们很难用词语表达出来，因此让译文读者很难理解文章内在的含义。译文读者对文化背景知识的缺乏，也容易导致其对作品断章取义，其中最明显的例子如财运(luckin making money)、江南水乡（lower reaches Yangtze River）等。

（二）中国文化特色词语翻译的策略及方法

从翻译实例中我们也总结出，翻译工作是一条文化交流的纽带。在不同的文化背景下，原作者与译文读者生活的地域不同、接受的文化不同，形成不同的文化底蕴。原文作者缺乏对译文读者承受力的考虑，这是一个事实，就是因为原文中文化特色词语隐含的成分并没有表现出来。源语文化特色词语所隐含的文化缺省成分在大多情况下都不被译者重视，这就导致了译文读者断章取义，不能形成思维的连贯性。另外，汉语和英语文化特色词语所涉及的文化底蕴不同，这就导致对译文的错误理解很难被发现，也导致了读者误读原文的含义。从目标读者角度出发，文化特色词语所隐含的文化缺省成分更应该被译者重视，并增强补偿文化缺省成分的意识，在翻译的时候要着眼于不同的文化特色背景，立场更中立一些，在译文中适当地表达出文化特色词语隐含的内容。

1. 释义

所谓释义法，是指通过解释原文中文化特色词语所隐含的含义来处理源语中的文化因素。释义法是一种具有民族特色的词汇，它不仅可以保持原作的信息，而且可以给予译者更多的自由。释义法用于翻译比喻性词语时，要求译者要抓住内容和喻义这一重要方面，牺牲形象，结合上下文灵活地传达原意。

例如：

中文译文：你们（中层干部）是上面的领导与下面的群众之间的桥梁。

该例句的原文在汉语中是很通顺的，但直译为英语有困难，由于原文中存在两个相互矛盾的概念，“上面的”与“下面的”描述垂直关系，而“桥梁”则涉及水平方向。汉语通常较为形象，是一种富有形象表达的语言，而英语则注重逻辑思维。译者应以英汉两种语言的思维方式及比喻形象的异同为切入点，考虑该例的翻译。现给出两种译文。

英文译文 1：You are a bridge between the leadership and the masses.

英文译文 2：You are link between the leadership above and the masses below.

2. 套译

在众多翻译方法中，较灵活的就是套译，也可称为“借用”或“移植”。为确保译文的连贯性并解决目标读者的理解障碍，译者应该积极收集英美媒体的表达方式。这样，在翻译特色文化词语时，可以采用套译法来引入外来表达方式。因此，译者应注重多方面的信息收集并灵活运用，以使译文更加贴近目标语读者的语言习惯和文化背景。其中，套译的标准和关键是一个“度”或“得体”的问题。

（1）回译成英语

有些一般术语原是由英语翻译而来，在翻译过程中，又要将其转化为英语术语，这与专有名词回译一样。

exclusive agency 专卖店

hedge fund 对冲基金

picture phone 可视电话

performance incentives 业绩奖励

（2）套用国内权威译法

closed fishing season 禁渔期

unified version for the public 对外口径

supporting policies 配套政策

comprehensive national strength 综合国力

参考文献

[1] 郭芳，祁莎莎，李霞．跨文化的英语翻译研究 [M]. 北京：中国时代经济出版社，2014.

[2] 吕晓红．跨文化背景下的英语翻译探索 [M]. 北京：北京工业大学出版社，2020.

[3] 刘海燕．商务英语跨文化翻译技巧与实践研究 [M]. 长春：吉林出版集团有限责任公司，2020.

[4] 侯莹莹．跨文化视域下英语翻译与教学研究 [M]. 北京：中国纺织出版社，2022.

[5] 罗捷．跨文化视域下的英语翻译研究 [M]. 北京：中国纺织出版社，2021.

[6] 李芋枚，陈卓，陈韫韬．英语翻译的跨文化视角转换探究 [M]. 北京：中国商务出版社，2017.

[7] 刘瑶．跨文化传播视角下英语翻译理论与实践研究 [M]. 长春：吉林人民出版社，2021.

[8] 刘玮．跨文化交际背景下中国传统文化英语翻译与传播研究 [M]. 北京：中国书籍出版社，2023.

[9] 韦婧．跨文化语境下的英语翻译 [M]. 长春：吉林出版集团股份有限公司，2022.

[10] 曹彬．跨文化视角下的英语翻译策略与技巧研究 [M]. 北京：北京工业大学出版社，2021.

[11] 马燕．跨文化视角下英语翻译障碍及对策研究 [J]. 校园英语，2022，(22)：181–183.

[12] 付悦．跨文化视角下英语翻译策略探究 [J]. 作家天地，2022，(8)：91–93.

[13] 关春景．跨文化背景下的商务英语翻译技巧 [J]. 国际援助，2022，(5)：103–105.

[14] 霍雨恋．基于跨文化视角下的英语翻译技术 [J]. 下一代，2020，(8)：146.
[15] 闫建红．英语翻译中的语境和跨文化 [J]. 读写算，2018，(18)：207.
[16] 黄敏．跨文化视域下法律翻译的研究思路新探 [J]. 成才之路，2017，(27)：24-25.
[17] 肖强民．文化差异视角下法律术语英语翻译策略探究 [J]. 英语广场，2021，(30)：27-30.
[18] 蔡向麟．跨文化交际中科技英语翻译的语用失误 [J]. 青海大学学报（自然科学版），2014，(2)：79-82.
[19] 李思坦．跨文化背景下英美文学的翻译策略探析 [J]. 时代报告，2022，(42)：13-15.
[21] 李星光．跨文化传播视域下中国武术文化翻译策略研究 [D]. 北京：北京体育大学，2020.
[22] 王亚军．跨文化视角下京剧文化元素翻译策略研究 [D]. 曲阜：曲阜师范大学，2017.
[23] 张晓玉．翻译教学中的跨文化意识培养研究 [D]. 济南：山东大学，2016.
[24] 陈洁．商务英语口译中的文化差异及翻译策略 [D]. 福州：福州大学，2013.
[25] 胡荣慧．英语翻译中跨文化视角转换及翻译技巧 [D]. 北京：中央民族大学，2012.
[26] 梁益宁．跨文化翻译中异化策略的使用范围和优化方法 [D]. 太原：山西大学，2011.
[27] 张晓泳．汉英习语在跨文化翻译中的文化流失 [D]. 保定：河北大学，2009.
[28] 文传淑．法律英语术语的跨文化翻译 [D]. 重庆：西南政法大学，2009.
[29] 彭灿．跨文化翻译中的异化与归化 [D]. 长沙：湖南师范大学，2006.
[30] 王煦云．试论杨、霍译《红楼梦》的翻译技巧与策略 [D]. 北京：清华大学，2005.